Muttersprache plus

6 Arbeitsheft

für Lernende mit erhöhtem Förderbedarf
im inklusiven Unterricht

Erarbeitet von
Marion Böhme, Birgit Ellwart,
Martina König, Marie-Elisabeth Wöhlbier

6 Arbeitsheft
für Lernende mit erhöhtem Förderbedarf
im inklusiven Unterricht

Zu diesem Buch gibt es ein passendes **Schülerbuch** (ISBN 978-3-06-062089-0).

Redaktion: Jana Görbing, Berlin
Illustrationen: Friederike Ablang, Berlin S. 77, 79, 85, 89.
Sulu Trüstedt, Berlin S. 7, 8, 15, 17, 33, 35, 42, 44, 45, 50, 52.
Umschlaggestaltung: werkstatt für gebrauchsgrafik, Berlin
Umschlagillustration: Dorina Tessmann, Berlin
Layout: lernsatz.de
Gestaltung und technische Umsetzung: Saskia Klemm, Berlin

Textquellen: **19** Sport. Aus: Von Anton bis Zylinder: Das Lexikon für Kinder. Bearbeitet und erweitert von Caroline Kazianka und Claudia Welker. Weinheim, Basel: Beltz, Der Kinderbuch Verlag, 2018, S. 406–407. (gekürzt und verändert) **24** Sportliche Aktivität von Kindern. Zahlen aus: https://de.statista.com/statistik/daten/studie/283821/umfrage/sportlicheaktivitaet-anteil-der-jugendlichen-in-deutschland-nach-geschlecht-2012/ [09.01.2020]. **25** Die beliebtesten Sportarten bei Jungen und Mädchen zwischen 7 und 14 Jahren. Zahlen aus: https://www.move-it-sportcamps.de/bewegung-beliebtesten-sportarten-kinder/ [08.01.2020]. **30** Fahrradmonitor. Zahlen aus: Sinus Markt- und Sozialforschung GmbH (Heidelberg): Fahrrad-Monitor Deutschland 2019. Online im Internet: https://www.bmvi.de/SharedDocs/DE/Anlage/K/fahrradmonitor-2019-ausgewaehlte-ergebnisse.pdf?__blob=publicationFile [28.01.2020], S. 13, 55, 34. **31** Inkiow, Dimiter: Der Kampf der Giganten. Aus: Inkiow, Dimiter: Die schönsten griechischen Sagen. Hamburg: Oetinger Taschenbuch, 2018, S. 22–25. (gekürzt und verändert) **33 f.** Kästner, Erich: Wie Eulenspiegel einem Esel das Lesen beibrachte. Aus: Kästner, Erich: Till Eulenspiegel. Zürich: Atrium Verlag, 2018, S. 52–57. (gekürzt und verändert) **35 f.** Kästner, Erich: Das Pferd auf dem Kirchturm. Aus: Des Freiherrn von Münchhausen wunderbare Reisen und Abenteuer zu Wasser und zu Lande. Nacherzählt von Erich Kästner. Zürich: Atrium Verlag, 2018, S. 11–14. (gekürzt und verändert) **38 f.** Wilson, David Henry: Der Elefant auf Papas Auto. Aus: Wilson, David Henry: Jeremy James oder Elefanten sitzen nicht auf Autos. Deutsch von Gerda und Helmut Winter. Hamburg: Verlag Friedrich Oetinger, 2017, S. 7–15. (gekürzt und verändert) **40** Funke, Cornelia: Tintenherz (Auszug). Hamburg: Oetinger Taschenbuch Verlag, 2010, S. 152–155, 157–158. (gekürzt und verändert) **45** Vorhang auf. Königliches Schlafzimmer … Aus: Krüss, James: Das Hemd des Glücklichen: Hamburg: Verlag für Kindertheater Weitendorf GmbH, 1990, S. 5–8. (gekürzt und verändert) **46** Bydlinski, Georg: Sonnenaufgang. Aus: Brand, Heinz (Hrsg.): Ach du liebe Zeit. Ein Bummel durch Tages- und Jahreszeit. Oldenburg: Lappan Verlag, 2007, S. 11. (gekürzt und verändert) **47** von Goethe, Johann Wolfgang: Meeresstille. Aus: Trunz, Erich (Hrsg.): Goethes Werke. Hamburger Ausgabe in 14 Bänden. Bd. 1: Gedichte und Epen I. München: C. H. Beck, 1998, S. 242. **48 oben** Döhl, Reinhard: Apfel. Aus: Gomringer, Eugen (Hrsg.): konkrete poesie. Stuttgart: Philipp Reclam Junior, 1992, S. 38. **48 unten** Welsh, Renate: Die Brücke. Aus: Domenego, Hans u. a.: Das Sprachbastelbuch: Schreib deinen Namen auf: was reimt sich drauf? Ravensburg: Otto Maier, 1990, S. 43. **51 oben** Zonja liebt es … Aus: Höfler, Stefanie: Mein Sommer mit Mucks. Weinheim: Gulliver in der Verlagsgruppe Beltz, 2015. (Klappentext, gekürzt und verändert) **51 Mitte** Als Buddy und seine Schwester … Aus: Fleischman, Sid: Das Geheimnis im 13. Stock. Aus dem Englischen von Andreas Steinhöfel. Hamburg: Carlsen, 2006. (Klappentext, gekürzt und verändert) **51 unten** Da fährt Finn … Aus: Muser, Martin: Kannawoniwasein! Manchmal muss man einfach verduften. Hamburg: Carlsen, 2018. (Klappentext, gekürzt und verändert) **52** Boie, Kirsten: Thabo – Detektiv & Gentleman: Der Nashorn-Fall. 5. Kapitel (Auszug). Aus: Boie, Kirsten: Thabo – Detektiv & Gentleman: Der Nashorn-Fall. Hamburg: Verlag Friedrich Oetinger, 2016, S. 30–32. (gekürzt und verändert)

Bildquellen: **4** akg-images/TT News Agency/AFTONBLADET; **14** Shutterstock.com/stockcreations; **16 links** stock.adobe.com/Manfred Ruckszio/Ruckszio; **rechts** stock.adobe.com/Joachim Moebes Claudino/sailer; **20 links** 2016 © Dorling Kindersley Verlag GmbH, München; **Mitte** 2018 © S. Fischer Verlag GmbH Frankfurt/Main; **rechts** 2009 © Meyer & Meyer Verlag, Aachen; **unten** 2009 © Meyer & Meyer Verlag, Aachen; **21 Mitte** © DER SPIEGEL 10/2020; **un. li.** 2020 © Johann Michael Sailer Verlag GmbH & Co. KG; **un. Mi.** 2020 © Panini Verlags GmbH; **un. re.** www.Teachtoday.de | Deutsche Telekom AG; **22** Shutterstock.com/Suzanne Tucker; **26** stock.adobe.com/[Mujo]D800/blicsejo; **28** Shutterstock.com/VALANRUS; **31** Bridgeman Images/Hercules's fight against the lion of Nemee; **38** David Henry Wilson, Jeremy James © Verlag Friedrich Oetinger GmbH, 2017; **40** Cornelia Funke, Tintenherz © Verlag Friedrich Oetinger GmbH, 2003; **42 1. v. li** © Hase und Igel Verlag GmbH, München; **2. v. li.** © Aktive Musik Verlagsgesellschaft mbH; **3. v. li.** © Winkler Film GmbH; **43** akg-images/Thomas Bartilla; **48** Reinhard Döhl: Apfel, zit. nach: Eugen Gomringer, Konkrete Poesie, 1972; **50 links** Stefanie Höfler, Mein Sommer mit Mucks © Gulliver von Beltz & Gelberg, 2016; **Mitte** Martin Muser, Kannawoniwasein! Manchmal muss man einfach verduften © Carlsen Verlag GmbH, Hamburg 2018; **rechts** Sid Fleischman, Das Geheimnis im 13. Stock © Carlsen Verlag GmbH, Hamburg 2006; **52** Kirsten Boie, Thabo © Verlag Friedrich Oetinger GmbH, 2018; **57** Shutterstock.com/Sergii Kovalov; **60** stock.adobe.com/schulzfoto; **62** dpa-Report; **64** stock.adobe.com/fangorndt; **71** Shutterstock.com/Mumemories; **72** Shutterstock.com/Tom McGinty; **74** Imago Stock & People GmbH/Bernd Friedel; **83** Shutterstock.com/Simone Hogan; **91** Shutterstock.com/Marek Valovic; **92** imago images/Rainer Weisflog.

www.cornelsen.de

Allgemeiner Hinweis zu den in diesem Lehrwerk abgebildeten Personen: Soweit in diesem Lehrwerk Personen fotografisch abgebildet sind und ihnen von der Redaktion fiktive Namen, Berufe, Dialoge und Ähnliches zugeordnet oder diese Personen in bestimmte Kontexte gesetzt werden, dienen diese Zuordnungen und Darstellungen ausschließlich der Veranschaulichung und dem besseren Verständnis des Inhalts.

Die Webseiten Dritter, deren Internetadressen in diesem Lehrwerk angegeben sind, wurden vor Drucklegung sorgfältig geprüft. Der Verlag übernimmt keine Gewähr für die Aktualität und den Inhalt dieser Seiten oder solcher, die mit ihnen verlinkt sind.

Dieses Werk berücksichtigt die Regeln der reformierten Rechtschreibung und Zeichensetzung.
Die mit * gekennzeichneten Texte wurden aus didaktischen Gründen gekürzt und/oder verändert.

1. Auflage, 1. Druck 2021

Alle Drucke dieser Auflage sind inhaltlich unverändert und können im Unterricht nebeneinander verwendet werden.

© 2021 Cornelsen Verlag GmbH, Berlin

Druck: Athesiadruck GmbH

ISBN 978-3-06-063325-8

PEFC zertifiziert
Dieses Produkt stammt aus nachhaltig bewirtschafteten Wäldern und kontrollierten Quellen.
www.pefc.de

PEFC/18-31-166

Inhalt

Was weißt du noch aus Klasse 5?

 **1** Lies den Text.

Weißt du, wer Greta Thunberg ist?

1 **A** Viele Menschen haben etwas Besonderes geleistet.
2 Sie sind zum Beispiel durch Sport, Kunst oder Musik bekannt geworden.
3 Sie werden verehrt und wir kennen ihre Namen. Andere haben bereits vor
4 vielen Jahren gelebt. Sie haben Großes in Medizin, Technik, Kultur oder
5 Wissenschaft geleistet. Viele sind durch ihre Taten berühmt geworden
6 und nun Vorbilder.

7 **B** Dazu gehören auch Menschen, die politisch
8 ihre Meinung sagen. Sie wollen in der Gesellschaft
9 etwas verändern.
10 Das will auch die schwedische Schülerin Greta.
11 Sie möchte, dass Schweden eine gute Klimapolitik
12 macht. Seit 2018 protestiert sie jeden Freitag
13 in Stockholm für den Klimaschutz.

14 **C** Greta hat so in über 100 Ländern große Proteste ins Leben gerufen.
15 Immer mehr Menschen demonstrieren freitags.
16 Es sind auch viele Schülerinnen und Schüler dabei. Sie wollen
17 damit zeigen, wie wichtig ein gesundes Klima für die Welt ist.
18 Auch eine Menge Eltern, Politikerinnen und Politiker unterstützen diese Ziele.
19 Das Motto heißt „Fridays for Future". Das bedeutet „Freitage für die Zukunft".
20 In vielen europäischen Großstädten wird demonstriert, aber auch in kleineren
21 Orten. Auf bunten Plakaten kann man lesen: „Rettet den Planeten",
22 „Stoppt endlich die Erderwärmung" oder „Schluss mit dem Müll im Ozean".
23 Greta Thunberg ist sogar für den Friedensnobelpreis vorgeschlagen worden.
24 Denn sie zeigt sehr viel politischen Einsatz für eine bessere Zukunft.

25 **D** Doch wenn die Proteste freitags stattfinden, gehen
26 die Schülerinnen und Schüler an dem Tag nicht in den Unterricht.
27 Das finden nicht alle Menschen richtig.
28 Es gibt nun Vorschläge, die Demos[1] auf eine andere Zeit
29 zu verlegen. Der Freitagnachmittag wurde vorgeschlagen,
30 der Montagabend oder der Samstag. Dann würde
31 kein Unterricht ausfallen. Wie ist deine Meinung dazu?

[1] **die Demos:** Abkürzung für: die Demonstrationen

2 Welche Überschrift passt zu welchem Abschnitt (A bis D)?
Ordne zu. Schreibe auf die Linie.

Schule oder Demo? Kein Unterricht am Freitag   _____

Vorbilder – Menschen, die Großes geleistet haben   _____

Politischer Einsatz für eine bessere Zukunft   _____

Für eine gute Klimapolitik in Schweden   _____

Tipp
Die grau markierten Textstellen helfen dir.

3 Stimmt es oder stimmt es nicht?
Kreuze die richtigen Aussagen an.

☐ Greta Thunberg lebt in Schweden.
☐ Die Demos für den Klimaschutz finden freitags statt.
☐ Greta hat 2018 den Friedensnobelpreis erhalten.
☐ Das Motto der Demos lautet „Sundays for Future".

Tipp
Die gelb markierten Textstellen helfen dir. Lies genau.

4 Im Text stehen Nomen/Substantive, Verben (Tätigkeitswörter)
und Adjektive (Eigenschaftswörter).

a Markiere in **Absatz C** fünf Nomen/Substantive, fünf Verben und
fünf Adjektive jeweils mit unterschiedlichen Farben.

b Schreibe sie auf.
Schreibe bei jedem Nomen/Substantiv den Artikel (Begleiter) dazu.

Nomen/Substantive: _____

_____

Tipp
Nomen/Substantive werden immer großgeschrieben (Beispiel: der Sport).

Verben (Tätigkeitswörter): _____

_____

Tipp
Bei Verben fragst du: Was tut jemand? (Beispiel: singen).

Adjektive (Eigenschaftswörter): _____

_____

Tipp
Bei Adjektiven fragst du: Wie ist etwas? (Beispiel: groß).

Miteinander sprechen

Sich entschuldigen

In bestimmten Situationen muss man **sich entschuldigen** oder um **Verzeihung** bitten.
Man sollte sagen, dass es einem **leidtut**.
Gut ist auch, den **Grund** zu nennen, wofür man sich entschuldigt.
Man kann auch anbieten, es **wiedergutzumachen**.
Dafür gibt es verschiedene **Formulierungen**.
Beispiele: Es tut mir leid, dass … / Bitte sei mir nicht mehr böse! / Verzeih mir bitte. /
Mir ist leider etwas Unangenehmes passiert: … / Wie kann ich das
wiedergutmachen? / Entschuldige bitte, dass ich …

1 Es gibt Situationen, in denen man sich entschuldigen muss.

 a Verbindet die Situationen mit den passenden Entschuldigungen.

Situation		Entschuldigung
1 sich beim Team wegen eines Fehlers beim Fußballspiel entschuldigen		**A Verzeihst du** mir bitte? Ich habe es nicht geschafft, heute nach der Schule zu dir zu kommen. Würde es dir morgen passen?
2 sich beim Hausmeister wegen eines Schadens entschuldigen		**B** Ich hab's **verbockt**. Klar, dass ihr **sauer seid! Tschuldigung!** Hab nicht gesehen, dass Tim frei stand.
3 sich bei der Oma wegen einer verpassten Verabredung entschuldigen		**C Entschuldigen Sie** bitte, ich habe das Fenster nicht absichtlich kaputt gemacht. Wir haben im Sportunterricht das Werfen geübt.

 b Wodurch unterscheiden sich die drei Entschuldigungen? Sprecht darüber.

Tipp
Achtet auf die Formulierungen.

 c Lies den Merkkasten.

Eine **Entschuldigung** sollte man möglichst **annehmen**.
Beispiele: Du hast das ja nicht mit Absicht gemacht.
Das bekommen wir wieder hin.
Das ist schon in Ordnung.

Auskünfte einholen

 1 In welchen Situationen musstest du schon einmal um Auskunft bitten?
Schreibe zwei Situationen in Stichpunkten in dein Heft.
Die Beispiele können dir helfen:

> in der Bibliothek fragen, ob … / den Preis des … erfragen / sich erkundigen, wann …

2 Maja holt im Reisebüro Auskünfte für einen Klassenausflug ein.

 a Lies das Gespräch.

Herr M.: Guten Tag! Was kann ich für dich tun?

Maja: Guten Tag! Für einen Klassenausflug nach Stralsund
möchte ich **gerne wissen**, wie wir am besten hin- und
wieder zurückfahren. **Können Sie mir bitte** ein günstiges
Angebot heraussuchen?

Herr M.: An welchem Tag wollt ihr reisen und um wie viel Uhr?

Maja: Am 12. September möchten wir fahren. Gegen 10 Uhr
wollen wir in Stralsund ankommen und gegen 18 Uhr
wieder zurück sein. Hätten Sie da eine gute Verbindung?

Herr M.: Kleinen Moment, ich schaue mal nach.

Maja: Ach, **Entschuldigung**, nach einer Gruppenermäßigung
sollte ich auch noch fragen. Sicherlich müssen Sie dafür
wissen, wie viele Personen wir sind: 26 Kinder und drei
Erwachsene.

Herr M.: Einen Augenblick bitte, ich drucke dir zwei Vorschläge aus.

Maja: **Das ist sehr freundlich von Ihnen**. Ich habe Zeit.

Herr M.: Hier habe ich zwei Angebote. Da könnt ihr in der Klasse
beraten.

Maja: Das ging **aber schnell**.
Vielen Dank und auf Wiedersehen!

 b Wie verhält sich Maja beim Einholen der Auskünfte?
Vervollständige den Satz.

Maja holt ihre Auskünfte _____ ein.

Tipp
Der Kasten unten
hilft dir bei der
Lösung der
Aufgabe.

> Wenn du **Auskünfte einholen** möchtest, solltest du dich
> **respektvoll und höflich** verhalten.
> Dafür kannst du bestimmte **Formulierungen** nutzen.
> Beispiele: Kannst du mir bitte sagen, …
> Könnten Sie uns bitte sagen, …
> Ich möchte gern wissen, …
> Bitte erklären Sie mir, …

Gespräche führen – eine Meinung vertreten

Meinungen ausdrücken

 1 Lies die beiden Sprechblasen.

 a Welches der beiden Probleme lässt sich wohl leichter lösen?
Warum lässt sich das Problem leichter lösen?
Sprich darüber mit einer Partnerin oder einem Partner.

> Immer muss ich im Haushalt helfen!
> Ben muss nie staubsaugen.

> Das hier ist ein Spendenaufruf. Die Weltmeere
> sollen von Plastikmüll gereinigt werden.
> Wollen wir Geld aus der Klassenkasse spenden?

 b Wie könnte man die beiden Probleme am besten lösen?
Sprich darüber mit einer Partnerin oder einem Partner.

 2 Wähle Beispiele **A bis D** von der nächsten Seite aus,
die Meinung und Begründung unterstützen.
Trage die Buchstaben passend in die Tabelle bei **Beispiel** ein.

Meinung	Begründung	Beispiel
Ich bin der Meinung, dass der Unterricht weiterhin um 8 Uhr beginnen soll,	da die Schule dann auch früher zu Ende ist.	_____
Ich finde, dass in der 6. Klasse auf Hausaufgaben verzichtet werden kann,	weil man dann mehr Zeit für Hobbys hat.	_____

Beispiele

A   Bei sechs Stunden Unterricht ist schon gegen 14 Uhr Schulschluss.

B   Die Freizeitangebote beginnen meist um 15 Uhr,
dann ist man gegen 17 oder 18 Uhr wieder zu Hause.

C   Ich brauche viel zu viel Zeit für die Hausaufgaben,
da bleibt keine Freizeit.

D   Hobbys sind nützlich.
Ich kann dabei genauso viel lernen wie in der Schule.

> Manche Probleme lassen sich nur in einer **Diskussion** klären.
> Das kann im kleinen Rahmen sein (zum Beispiel im Freundeskreis oder in der Familie)
> oder im größeren Rahmen (zum Beispiel in der Schule oder im Verein).
> Überlege **vorher**, **welche Meinung** du zu einem Thema hast.
> Um die eigene **Meinung vertreten** zu können, brauchst du überzeugende
> **Begründungen** und **Beispiele**.
> Formulierungen mit **weil, da** und **denn** helfen.

3 Jan wünscht sich seit Langem eine Minidrohne.
Seine Eltern haben aber Bedenken.
Er überlegt, wie er sie überzeugen könnte.

 a Lies die Gründe, die Jan sich überlegt hat.

1   Ich kann mit der Drohne Tiere beobachten.

2   Ich könnte dabei lernen, ein technisches Gerät zu programmieren.

3   Ich werde bestimmt sorgfältig mit der Drohne umgehen.

4   Ich werde mein Sparschwein knacken und mich an den Kosten beteiligen.

b Welches Argument überzeugt dich am meisten?
Unterstreiche das Argument.

c Welches Argument überzeugt dich am wenigsten?
Streiche das Argument durch.

d Was denkst du?
Sollten die Eltern für Jan die Drohne kaufen?
Schreibe zwei bis drei Sätze.

Sich mit verschiedenen Meinungen auseinandersetzen

In einer Diskussion musst du dich **mit den Meinungen** der anderen
auseinandersetzen. Gehe dabei auf andere ein und sprich in Ich-Form.
Beispiele:
Zustimmung: Ich bin ganz deiner Meinung.
Ablehnung: Da bin ich anderer Meinung.
Entschuldigung: Entschuldige bitte!
Kompromiss: Ich könnte zustimmen, wenn …

1 Mit welchen Wendungen kannst du auf die Meinung anderer eingehen?
Ordne die Wendungen a bis h richtig zu.

> **a** Tut mir leid! / **b** Ich bin völlig deiner Meinung. / **c** Ich wäre dafür, wenn … /
> **d** Das überzeugt mich nicht, weil … / **e** Ich bin dagegen, weil … /
> **f** Entschuldigung, das wollte ich nicht. / **g** Deine Idee finde ich gut. /
> **h** Das können wir so machen, wenn …

Zustimmung: _____

_____

Ablehnung: _____

_____

Entschuldigung: *Tut mir leid!* _____

_____

Kompromiss: _____

_____

2 Thema: Jeden Tag zur Schule laufen statt fahren
Welche Argumente/Meinungen passen zum Thema?
Kreuze an.

☐ Man sollte selbst entscheiden dürfen, was man macht.

☐ Wir laufen keiner Modeerscheinung nach.

☐ Wir setzen uns für wichtige Ziele ein.

☐ Das ist toll, Bewegung ist wichtig.

☐ Jugendliche sitzen viel zu viel, nicht nur in der Schule, auch in der Freizeit.

Mitteilungen verfassen – an andere schreiben

Offizielle Briefe schreiben

> **Offizielle Briefe** sind **schriftliche Mitteilungen** an eine **Institution** (Behörde) oder ein **Unternehmen**, zum Beispiel bei Anträgen, Reklamationen, Beschwerdebriefen und Bewerbungsschreiben.

1 Offizielle Briefe haben eine bestimmte Form.

a Sieh dir den Musterbrief an.

b Ordne den Briefteilen die folgenden Begriffe zu.

> **1** der Brieftext / **2** die Unterschrift / **3** das Datum / **4** die Betreffzeile / **5** die Anrede / **6** der Absender / **7** die Grußformel / **8** der Empfänger

Felix Müller
Mustergasse 4
16766 Kremmen
E-Mail: fmueller@beispiel.de

Lessing-Oberschule Kremmen
Förderverein
Beispielstraße 52
16766 Kremmen

12. Januar 20..

Vorschlag für das Schulfest

Sehr geehrte Damen und Herren,

wir haben gehört, dass nächste Woche über das jährliche Schulfest beraten werden soll. Die Klasse 6 b möchte Ihnen vorschlagen, das diesjährige Schulfest erst nach den Sommerferien zu feiern. Dann sind alle gut erholt und wir können die Vorbereitungen mit viel Kraft in Angriff nehmen.
Wir würden uns freuen, wenn Sie unseren Vorschlag in der Beratung besprechen und unterstützen könnten.

Mit freundlichen Grüßen

Felix Müller
Felix Müller
Klassensprecher der Klasse 6 b

Offizielle Briefe sollten **kurz**, aber **höflich formuliert** und **übersichtlich gestaltet** sein.

🖉 ❷ Die Klasse von Lea plant eine Klassenfahrt.
Sie wollen auf einem Bauernhof campen.
Lea ist die Klassensprecherin. Sie schreibt den Brief an den Bauernhof.
Ergänze die fehlenden Angaben.

Schiller-Schule
Klasse 6 a, Lea Ritter (Klassensprecherin)
Beispielstraße 12
17192 Waren (Müritz)

Bauernhof „Naturglück"
Martina und Thomas Ziegler
Beispielstraße 5
08525 Plauen

Ort, Datum: _____
                                 Beispiel: Waren, 30.09.2021

Betreff: _____
            Ein Angebot für eine Klassenfahrt / Fragen zu einer Klassenfahrt

Anrede: _____
            Sehr geehrte Frau ..., / Sehr geehrter Herr ..., / Sehr geehrte Familie ...,

Brieftext: _____
              planen Klassenfahrt mit Übernachtung

_____
Anzahl der Schülerinnen und Schüler: ... / Anzahl der Lehrerinnen und Lehrer: ...

_____
Preise pro Nacht / pro Person

_____
Wir freuen uns auf Ihre Antwort / Ihren Brief.

Grußformel: _____
               Viele Grüße / Mit freundlichen Grüßen / Mit freundlichem Gruß

Unterschrift: _____

Formulare verfassen

Für viele Zwecke gibt es **Formulare**.
Sie sollten in **gut lesbaren Druckbuchstaben** ausgefüllt werden.

A, B, C, D, E, F, G, H, I, J, K, L, M, N, O, P, Q, R, S, T, U, V, W, X, Y, Z,
Ä, Ö, Ü, ß

 1 Lies den Text.

1 Die Klasse 6 war zur Klassenfahrt.
2 Die Tage auf dem Bauernhof brachten viel Neues.
3 Das Projekt war ein großer Erfolg.
4 In mehreren Gruppen gestalteten sie Hefte mit Bildern und Texten.
5 Ein Päckchen mit dem schönsten Heft möchten sie an den Bauernhof schicken,
6 um sich zu bedanken.

2 Fülle einen Paketschein aus.

a Sieh dir den Paketschein an.

b Ergänze den Empfänger von der Seite 12.
  – Schreibe in großen Druckbuchstaben.
  – Verwende mögliche Abkürzungen (Straße – Str. / Deutschland – DE).

Paketschein	
Absender	**Empfänger**
SCHILLER-SCHULE Firma / Schule / Familie / Herr / Frau	Firma / Schule / Familie / Herr / Frau
BEISPIELSTR. 12 Straße und Hausnummer	Straße und Hausnummer
17192 WAREN (MÜRITZ) Postleitzahl / Ort	Postleitzahl / Ort
DE	Land

Beschreiben

Vorgänge beschreiben – Handlungen anleiten

1 Du möchtest für die Familie ein Essen zubereiten.
Das Gericht: **Fischstäbchen selbst gemacht**

a Welche Zutaten gehören **nicht** dazu? Streiche durch.

Fischstäbchen
1 kg (Kilogramm) Fischfilet
3 Eier
Mehl
Zwiebel
Semmelbrösel
Öl / Butter
Salz und Pfeffer
Zucker

b Nummeriere die Stichpunkte in der richtigen Reihenfolge von 1 bis 9.

☐ in Streifen schneiden

☐ Filetstreifen mit Mehl bestäuben

[1] Fischfilet waschen

☐ in heißem Öl oder Butter braun braten

☐ in Semmelbrösel wälzen

☐ trocken tupfen

☐ in geschlagenem Ei wenden

☐ Eier schaumig schlagen

☐ mit Salz und Pfeffer würzen

> **Handlungsanweisungen** werden meist im **Präsens (in der Gegenwartsform)** geschrieben.

2 Schreibe die Handlungsanweisung in der **man-Form**.
- Verwende die Wortgruppen von Aufgabe 1b.
  Schreibe die Sätze in dein Heft.
- Achte auf unterschiedliche Satzanfänge.
  Diese Wörter können dir helfen: dann, danach, nun, jetzt, zuerst, zuletzt, zum Schluss, nachdem, anschließend.

Zuerst wäscht man das Fischfilet. ...

Personen beschreiben

Beim **Beschreiben einer Person** informiert man andere über die **äußeren Merkmale eines Menschen**. Die kürzeste Form der Personenbeschreibung ist der Steckbrief.

1 Marie ist auf einem Fest verloren gegangen.

a Betrachte das Bild von Marie.

b Fülle den Steckbrief aus.
Du kannst die Angaben aus dem Wortkasten nutzen.

das Geschlecht: männlich, weiblich, …
das Alter: Jugendliche /Jugendlicher, Kind, …
die Größe: groß, mittelgroß, klein, …
die Gestalt / der Körperbau: schlank, kräftig, dick, …
die Haare: blond, schwarz, braun, lang, kurz
die Augen: grün, blau, braun, groß, …
die Kleidung: Pullover, T-Shirt, Hose, Kette, …
die Auffälligkeiten: Ohrringe, Sommersprossen …

GESUCHT WIRD MARIE!

das Geschlecht: _____

das Alter: _____

die Größe: *mittelgroß* _____

die Gestalt / der Körperbau: _____

die Haare: _____

die Augen: _____

die Kleidung: _____

die Auffälligkeiten: _____

Pflanzen beschreiben

Eine **Beschreibung von Pflanzen** muss **sehr genau** und **anschaulich** sein, damit man sie erkennen und unterscheiden kann.

1 Pflanzen beschreiben.

a Betrachte die beiden Bilder einer Rotbuche.

b Lies aufmerksam den Steckbrief.

Steckbrief	
der Name:	Rotbuche
das Vorkommen:	häufigster Laubbaum in Mitteleuropa, im Wald und in Parkanlagen
das Alter:	bis zu 300 Jahren, im Durchschnitt 150 Jahre
die Höhe:	zwischen 20 und 30 Meter, gelegentlich höher
die Bestandteile:	
– die Wurzel:	Wurzel mit flachen, weitverzweigten Seitenwurzeln
– der Stamm:	glatt, mit silbergrauer Rinde
– die Blätter:	grün, elliptisch[1]
– die Blüte:	unscheinbar
– die Blütezeit:	April bis Mai
– die Früchte:	Bucheckern, sitzen in stachligen Fruchtbechern, leicht giftig, für Tiere essbar
die Verbreitung:	durch Tiere, verstecken Früchte als Nahrung

[1] **elliptisch:** oval

c Formuliere die Beschreibung der Rotbuche in deinem Heft. Nutze die Angaben im Steckbrief.

Berichten

Über Ereignisse berichten

Ein **Bericht informiert** in der Regel **knapp** und **sachlich über Ereignisse**.
Schriftliche Berichte werden meist im **Präteritum** (in der Vergangenheitsform)
verfasst.
In einem Bericht werden W-Fragen beantwortet.
Was geschah?
Wann geschah es?
Wo geschah es?
Wer war beteiligt?
Warum geschah es?
Welche Folgen ergaben sich?

1 In einer Zeitung berichtet ein Reporter über einen Martinsumzug.

a Lies den Zeitungsartikel.

1 Am Mittwoch, den 11. November, trafen sich viele Kinder
2 und Erwachsene um 18 Uhr auf dem Platz vor der Kirche.
3 Sie brachten selbst gebastelte Laternen mit.
4 Gemeinsam wollten sie das Martinsfest feiern.
5 Der Umzug führte durch einige Straßen der Stadt.
6 Ein Reiter in Bischofskostüm führte den Umzug an.
7 Der Reiter stellte den heiligen Sankt Martin dar.
8 Zurück auf dem Kirchplatz bekamen alle ein
9 Martinshörnchen. Heute gilt der heilige Sankt Martin
10 unter anderem als Schutzheiliger der Reisenden.

 b Beantworte die Fragen zu dem Zeitungsartikel. Schreibe auf die Linien.

Wann geschah es? _____

Wer war beteiligt? _____

Wo geschah es? _____

Was geschah? _____

_____

Welche Folgen ergaben sich daraus? _____

_____

2 Stell dir vor, dass du und dein Freund auf dem Weg vom Sportplatz nach Hause Zeugen eines Unfalls werdet.

a Lies die Fakten zum Unfall in der rechten Spalte.

b Ordne die W-Fragen richtig zu.
Schreibe sie in die linke Spalte.

> Welche Folgen ergaben sich? / Wann geschah es? / Wer war beteiligt? /
> Was geschah? / Warum geschah es? / Wo geschah es?

W-Fragen	Fakten zum Unfall
_____	Freitag, 3. Juli, 16:20 Uhr
_____	Tonstraße / Ecke Mühlenweg
_____	zwei Fahrradfahrer, ein Fußgänger
_____	ein Fahrradfahrer stößt mit einem Fußgänger zusammen, der ältere Mann fällt hin, kann wieder aufstehen
_____	fahren zu schnell und unterhalten sich
_____	Hand des Mannes blutet, an einem Fahrrad bricht die Lampe ab

3 Schreibe einen Bericht.
Nutze die vorgegebenen Fakten von Aufgabe 2.

Der Unfall geschah am 3. Juni um 16:20 in der ...

Informationen suchen

Mit Nachschlagewerken umgehen

Ein **Lexikon** ist ein **Nachschlagewerk**.
Lexika gibt es in Buchform oder elektronisch.
Sie sind nach dem Alphabet (ABC) geordnet.
In einem Lexikon stehen Informationen zu vielen Themen.
Auch ein **Wörterbuch** ist ein Lexikon. Es erklärt die Bedeutung von Wörtern.

1 Wie ist eine Lexikonseite aufgebaut?

a Lies den Lexikonartikel.

b Trage vor die Begriffe den richtigen Buchstaben (A bis D) ein.

| | Verweis | | Erklärung | | Stichwort | | Seitenleitwörter |

1   **Spinnen – Staat** ◄──── A

2 **Sport** ◄──── B

3 Heute treiben viele Menschen in ihrer Freizeit Sport. ◄──── C

4 Es macht ihnen Spaß und sie wollen etwas für ihre Gesundheit tun. […]

5 Einige gehen gerne joggen, andere spielen → Tennis oder → Fußball,

6 treiben Gymnastik oder gehen schwimmen. […] ──── D

7 Manche Fertigkeiten im Sport gehen auf Tätigkeiten zurück, die die

8 Menschen in früheren Zeiten für die Jagd oder im Kampf brauchten,

9 zum Beispiel → Bogenschießen oder Speerwerfen. […]

10 Den modernen Sport mit seinen festen Regeln haben die Engländer

11 verbreitet. Deswegen gibt es auch viele englische Worte, wie

12 zum Beispiel „Trainer". Leistungssportler, die dafür bezahlt werden,

13 nennt man Profis. Die → Amateure treiben Sport aus Spaß und

14 bekommen keine Bezahlung.*

2 Informiere dich mithilfe von Lexika über Sportarten.

a Welche Sportarten stehen im Lexikonartikel? Schreibe sie in dein Heft.

b Zu welchen Sportarten gibt es in diesem Lexikonartikel eigene Artikel?
Du erkennst sie durch die Pfeile. Schreibe sie in dein Heft.

c Informiere dich in einem Online-Lexikon über eine Sportart, die dir gefällt.

d Was hast du über diese Sportart herausgefunden?
Schreibe die Sportart und drei Stichpunkte in dein Heft.

Mit Sachbüchern umgehen

Sachbücher informieren dich leicht verständlich über bestimmte Themen.
Das **Inhaltsverzeichnis** gibt dir einen **Überblick** über den Inhalt des Sachbuches.

1 Informiere dich in Sachbüchern.

a Sieh dir die drei Titelbilder an.

b In welchem Buch wirst du Informationen über die Sportart **Badminton** finden?
Kreuze an.

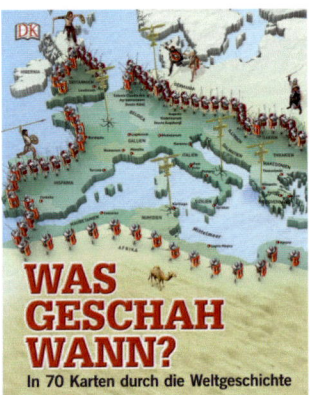

2 Du möchtest mit Badminton beginnen und willst wissen, was du dafür brauchst.
In welchem Kapitel kannst du dich dazu informieren? Markiere das Kapitel.

. . . . **Inhalt**

Kinderzeitschriften lesen

Zeitschriften erscheinen **regelmäßig**, zum Beispiel einmal pro Woche oder einmal pro Monat. Sie sind **für bestimmte Leserinnen und Leser**, zum Beispiel für Kinder oder Jugendliche.
Bei einer Zeitschrift erkennt man meist schon am **Titelbild**, um welche Hauptthemen es in der Ausgabe geht.

1 Es gibt viele Zeitschriften für unterschiedliche Interessen, auch für Kinder und Jugendliche.
Welche **Zeitschriften** kennt ihr? Sprecht darüber.

2 Besorgt euch in der Klasse eine oder mehrere Zeitschriften oder bringt eure Lieblingszeitschriften mit.

a Wähle ein Heft aus.

b Sieh dir das **Titelbild** genau an.

c Um welche **Themen** geht es wohl in dieser Zeitschrift? Schreibe sie in dein Heft.

d Lies das **Inhaltsverzeichnis** der Zeitschrift. Stimmt es mit deinen Themen überein?

3 Eine bekannte Zeitschrift ist **Dein Spiegel**.

a Seht euch das **Titelbild** an.

b Gibt es in dieser Zeitschrift Artikel über Sport? Was denkt ihr? Sprecht über eure Vermutungen.

4 Es gibt weitere interessante Zeitschriften für Kinder und Jugendliche.

a Sieh dir die **Titelbilder** der folgenden Zeitschriften an.

b In welcher Zeitschrift wirst du Informationen über Sport und Sportarten finden? Kreuze an.

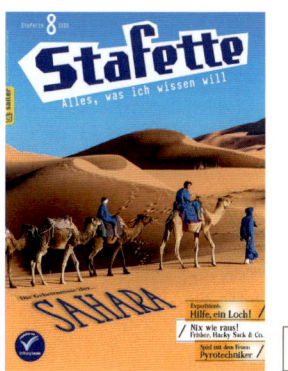      

Sachtexte erschließen

Sachtexte lesen und verstehen

1 Überschriften und Bilder zeigen, worum es in dem Text geht.

 a Sieh dir das **Bild** an.

b Lies die **Überschrift**.

c Was vermutest du, wovon handelt der Text?
Schreibe Stichpunkte in dein Heft.

d Vergleicht eure Vermutung mit einer Partnerin
oder einem Partner.
Sprecht darüber, ob die Vermutungen ähnlich sind.

2 Lies nun den Sachtext.

Interessierst du dich für Randsportarten?

1 **A Randsportarten** sind in der Öffentlichkeit meist kaum bekannt.
2 Oft werden sie nur von wenigen betrieben. Sie haben wenige Fans
3 und werden in den Medien nur kurz am Rande erwähnt.

4 **B** Was eine Randsportart ist, kann sich von Land zu Land unterscheiden.
5 **Fußball** gehört in **Deutschland** zu den Top-Sportarten, in anderen Ländern
6 dagegen nicht. Das weltweit verbreitete Fußballspiel ist nicht überall
7 so beliebt. In **Pakistan** gehört **Fußball** eindeutig zu den Randsportarten.
8 Manchmal sind nur 20 Fans im Stadion, wenn die Nationalmannschaft spielt.
9 Auch in den **USA** ist **Fußball** nicht die Sportart Nummer 1.

10 **C** In den **USA** interessiert man sich sehr viel mehr für **American Football** und
11 **Baseball**. In **Deutschland** dagegen spielen **American Football** und **Baseball**
12 eine Randrolle.

3 Der Text ist in die **drei Abschnitte** A, B und C unterteilt.

 a Ordne die **Zwischenüberschriften** den Abschnitten zu.
Schreibe sie über den jeweiligen Abschnitt.
– Unterschiede in den USA und Deutschland
– Eine Randsportart erkennen
– Beliebtheit von Fußball in verschiedenen Ländern

b Schreibe **Schlüsselwörter** auf.
Die folgenden Fragen zum Text helfen dir, Schlüsselwörter zu finden.

1 Welche Sportarten werden genannt?

2 Von welchen Ländern ist die Rede?

3 In welchem Land ist Fußball beliebt, in welchen Ländern nicht? Beginne so:

Fußball ist in   beliebt, aber nicht

c Schreibe alle Schlüsselwörter auf.

Randsportarten, Fußball,

4 Erschließe jetzt den Inhalt des Textes schrittweise.

a Lies den Text gründlich.

b Schreibe **unbekannte Begriffe** auf.
Schlage ihre Bedeutung in einem Wörterbuch nach.

c Beantworte folgende Fragen in Stichpunkten.

> **Tipp**
> Die Zwischenüberschriften helfen.

1 Was ist eine Randsportart?

2 Welche Sportarten sind in Deutschland Randsportarten?

Tabellen und Grafiken lesen und verstehen

Häufig werden Informationen in Form von **Tabellen**, **Diagrammen**, **Grafiken** oder **Schaubildern** dargestellt. Sie dienen dazu, Zahlen, Vorgänge und Entwicklungen übersichtlich und anschaulich zu gestalten.
Bei Diagrammen gibt es verschiedenen Arten, zum Beispiel:
Balkendiagramm   Säulendiagramm

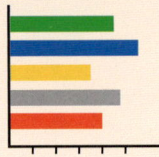 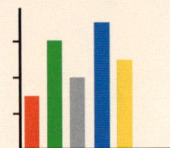

1 Verstehe den Inhalt einer Tabelle.

a Lies die Tabelle.

Sportliche Aktivität von 1000 Kindern

Spalte →

	Mädchen	Jungen
sportlich aktiv	709	751
Sport mehr als 90 Minuten pro Woche	539	628
Sport mehr als 180 Minuten pro Woche	314	450

Zeile →

b Beantworte folgende Fragen zum Inhalt der Tabelle.

1 Worum geht es in der Tabelle?

Tipp
Lies die Überschrift.

2 Es werden zwei Gruppen Menschen (↑ in Spalten) unterschieden. Welche?

Tipp
Lies dazu die Überschriften der Spalten.

3 Worum geht es (← in den Zeilen) ganz links in der Tabelle?

c Welche Aussagen sind richtig? Kreuze an.

Tipp
Entscheide mithilfe der Tabelle.

☐ Über 500 Mädchen treiben mehr als 90 Minuten Sport pro Woche.

☐ Mädchen treiben mehr Sport in der Woche als Jungen.

☐ 751 von 1000 befragten Jungen sind sportlich aktiv.

2 Erfasse den Inhalt der folgenden Grafik.

a Sieh dir die Grafik an.

b Was wird gezeigt? Ergänze den Satz.

Tipp
Sieh dir die
Überschrift an.

Die Grafik zeigt, welche _____

_____ .

c Stellt euch in Partnerarbeit gegenseitig Fragen zur Grafik.

Die beliebtesten Sportarten bei Jungen und Mädchen von 7 bis 14 Jahren

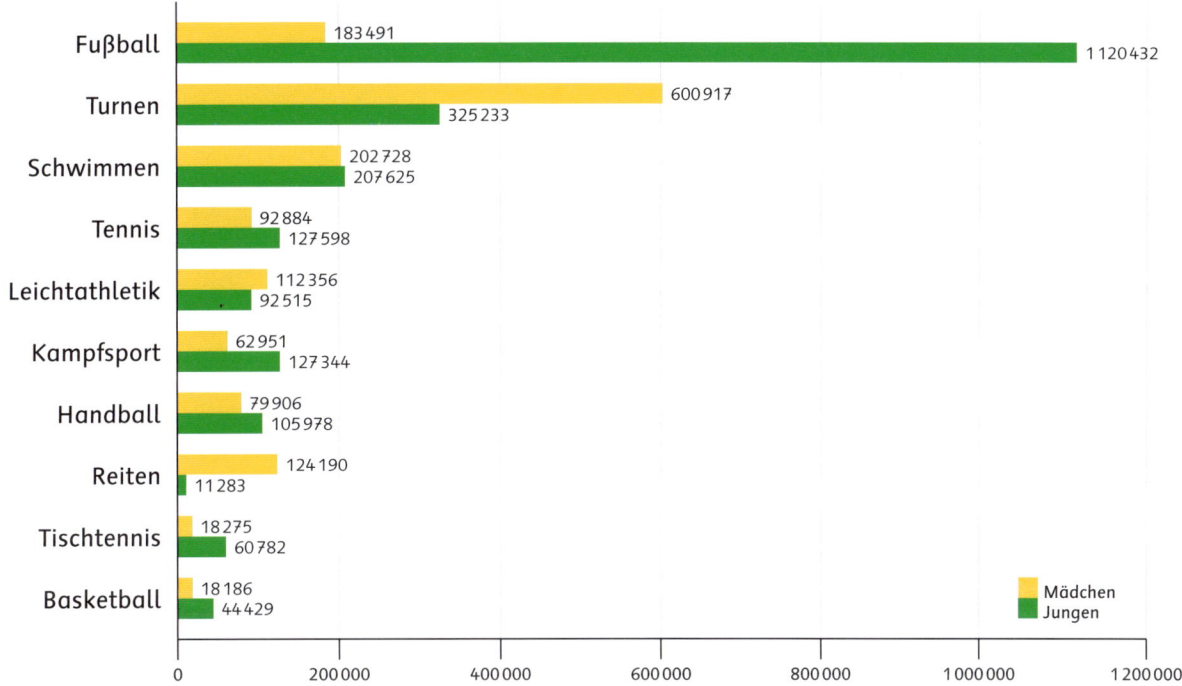

d Ergänze die Sätze.

Die beliebteste Sportart bei Mädchen ist _____ .

Die beliebteste Sportart bei Jungen ist _____ .

Die Sportart _____ *mögen weniger Mädchen als Jungen.*

Die Sportart _____ *mögen mehr Mädchen als Jungen.*

e Schreibe drei weitere Vergleiche in dein Heft.

Informationen zusammenfassen

Um mit den **Informationen eines Sachtextes** gut arbeiten zu können,
ist es hilfreich, diese richtig und übersichtlich **zusammenzufassen**.
Wichtige Textstellen findest du leichter, wenn du den Text markierst.

1 In diesem Text wurden wichtige Textstellen markiert.

 a Lies zuerst die markierten Textstellen.

Überschrift: _____

1 **A** Karate¹ ist eine japanische Kampfsportart und bedeutet
2 „leere Hand". Das heißt, man kämpft hier ohne Waffen.
3 Nur der eigene Körper, die eigenen Arme und Beine
4 werden eingesetzt.

5 **B** Beim Karate trainiert man seinen ganzen Körper.
6 Aber man trainiert auch seine Ausdauer und seine
7 Konzentration². Fairness³, Rücksicht und Respekt⁴
8 dem Partner gegenüber werden außerdem gefördert.
9 Das wird mehr geübt als in jedem anderen Sport.
10 Ohne diese Eigenschaften kann man die Partnerübungen
11 aus Tritten, Fauststößen und Schlägen nämlich nicht
12 ausüben, ohne jemanden zu verletzen.

13 **C** Man kann Karate-Training in jedem Alter beginnen.
14 Auch Menschen mit Behinderungen können Karate
15 machen. Für sie gibt es inzwischen sogar auch
16 Weltmeisterschaften.

17 **D** Karate ist zur Verteidigung da, wenn es notwendig
18 wird. Aber Karate ist auf keinen Fall für den Angriff
19 gedacht!

20 **E** Es gibt verschiedene Gürtelfarben. Weiß ist für die
21 Anfänger. Wenn man gut trainiert, kann man nach und
22 nach Prüfungen für die folgenden Farben machen:
23 Gelb, Orange, Grün, Violett, Blau, Braun bis hin zum Schwarz,
24 der Meisterfarbe. Das ist ein großer Anreiz⁵.

¹ **das Karate:**
sprich: Kara͟te
(a – lang gesprochen)

² **die Konzentration:**
die Aufmerksamkeit

³ **die Fairness:**
anständiges Verhalten

⁴ **der Respekt:**
die Anerkennung

⁵ **der Anreiz:**
der Ansporn

 b Welche Überschrift passt zu dem Text?
Schreibe eine Überschrift auf die Zeile über dem Text.

2 Lies den Text nun gründlich.

3 Fasse die wichtigsten Informationen des Textes abschnittsweise zusammen.

a Beantworte dafür folgende Fragen.

Abschnitt A Was ist Karate?

Abschnitt B Was wird bei dieser Sportart alles trainiert?

Abschnitt C Wer kann Karate erlernen?

Abschnitt D Wozu erlernt man Karate?

Wozu ist Karate **nicht** da?

Abschnitt E Welche Gürtelfarben gibt es?

Wofür sind die verschiedenen Gürtelfarben da?

b Lies den Text noch einmal.

c Überprüfe, ob du alle wichtigen Informationen erfasst hast.

Sachtexte hören und verstehen

1 Lass dir folgenden Sachtext vorlesen.

a Der Text trägt die Überschrift **Hockey spielen auf dem Einrad**.
Was wisst ihr vielleicht schon über dieses Thema? Überlegt.

b Was möchtest du von dem Text erfahren?
Schreibe **Schlüsselwörter** (Ausrüstung, …) oder **Fragen** (Wer spielt?
Wie wird gespielt?) in dein Heft.

c Höre den Text das erste Mal ohne Pausen.

Hockey spielen auf dem Einrad

1 **1** Könnt ihr euch vorstellen, Hockey zu spielen, während ihr auf
2 einem Einrad sitzt? Das gibt es tatsächlich! Diese Mannschaftssportart
3 heißt Einradhockey. Aber man muss schon sicher auf dem Einrad fahren
4 können, um dabei auch noch Hockey zu spielen!

5 **2** Welche Ausrüstung benötigt man für Einradhockey?
6 Ein Einrad und ein Eishockeyschläger sind wichtig,
7 außerdem Schienbein- und Knieschützer, knöchelhohe
8 Schuhe, Handschuhe und einen Gebissschutz.

9 **3** Wie wird gespielt? Wie beim Eishockey spielen zwei
10 Mannschaften gegeneinander. Sie versuchen, mit ihren
11 Schlägern den Tennisball ins gegnerische Tor zu schießen.

12 **4** Eine Mannschaft besteht aus vier Spielern und einem Torwart.
13 Gespielt werden zwei Halbzeiten von ungefähr 15 Minuten.
14 In den Mannschaften spielen alle gemeinsam.
15 Es ist egal, wie alt sie sind und ob sie männlich oder weiblich sind.

d Worum geht es in dem Text? Schreibe in dein Heft.

e Höre den Text ein zweites Mal.

f Mach nach jedem Abschnitt eine Pause.
Schreibe die wichtigsten Informationen in dein Heft.

2 Überprüfe, ob du die wichtigsten Informationen richtig verstanden hast.
Beantworte dazu folgende Fragen in deinem Heft.

1 Welche Ausrüstung braucht man zum Spielen?

2 Wie wird Einradhockey gespielt?

1 Verstehe den folgenden Sachtext.

 a Lies zuerst nur die **fett gedruckten Schlüsselwörter**.

 b Worum geht es in dem Text?
Schreibe eine **Überschrift** auf die Zeile.

Tipp
Die Überschrift sollte auf das Thema des Textes hinweisen.

1 **1** So schießen zu können wie Robin Hood, davon träumen
2 viele Jungen, aber auch Mädchen.
3 Seit 1972 zählt das **Bogenschießen** fest zu den olympischen
4 Sportarten. Es gilt aber eher als eine **Randsportart**.

5 **2** Zur **Ausrüstung** gehören beim Bogenschießen ein
6 Sportbogen, Pfeile und der Köcher[1]. Außerdem braucht
7 man einen Finger- und Armschutz sowie Handschuhe.

[1] **der Köcher:** ein Behältnis für die Aufbewahrung von Pfeilen

8 **3** Es gibt verschiedene Arten beim Bogenschießen:
9 **Scheibenschießen** kann man sowohl im Freien als auch
10 in einer Halle. Der Abstand zur Scheibe beträgt immer
11 18 Meter. Es ändert sich aber die Größe der Zielscheibe.
12 Je jünger man ist, umso größer ist die Zielscheibe.
13 Das **Cloutschießen**[2] findet nur im Freien statt.
14 In 165 Metern Entfernung werden um einen Pfosten
15 große Kreise auf dem Boden aufgezeichnet. Die muss
16 man treffen.
17 Beim **Feld- oder Jagdschießen** wird nur draußen
18 auf Tierattrappen oder auf schwarz-weiße
19 Scheiben in unterschiedlicher Entfernung gezielt.

[2] **Clout:** (englisch, sprich: Klaut) **das Cloutschießen:** eine bestimmte Form des Bogenschießens

20 **4** Beim Bogenschießen gibt es **acht Altersklassen**.
21 Davon sind drei Kinderklassen. Sie beginnen mit
22 Kindern im Alter von 9 bis 10 Jahren in der Klasse C.
23 Die Klasse B umfasst alle im Alter von 11 bis 12 und
24 die Klasse A die von 13 bis 14 Jahren.

c Worum geht es in dem Text?
Beantworte die Fragen in deinem Heft.

1 Was weißt du zum Thema des Textes?

2 Was möchtest du genauer erfahren?

Tipp
Die markierten Textstellen helfen dir.

d Kreuze die richtigen Aussagen an.

☐ **1** Seit 1972 gehört das Bogenschießen zu den **olympischen Sportarten**.

☐ **2** Zur **Ausrüstung** eines Bogenschützen gehören der Sportbogen, Pfeile, der Köcher, ein Finger- und Armschutz sowie Handschuhe.

☐ **3** Das **Scheibenschießen** wird nur in einer Halle durchgeführt.

☐ **4** Es gibt beim Bogenschießen neun **Altersklassen**.

> **Tipp**
> Die markierten Textstellen helfen dir bei den Aufgaben d und f.

e Lies den Text abschnittsweise.

f Schreibe zu jedem Abschnitt das Wichtigste in Stichpunkten in dein Heft. Beginne so:

1. Abschnitt: Bogenschießen, ...

2 Verstehe die folgende Tabelle.

a Sieh dir die Tabelle an.

Fahrradnutzung

	Fahrradausflüge der letzten zwei Jahre	Erfahrung mit dem Elektrofahrrad
gesamt	44	24
weiblich	41	19
männlich	46	29
14–19 Jahre	45	22
20–29 Jahre	45	28
30–39 Jahre	47	28
40–49 Jahre	46	25

b Worum geht es in der Tabelle? Schreibe einen Satz in dein Heft.

> **Tipp zu Aufgabe b**
> Lies die Überschrift der Tabelle.

c Welche Aussagen sind richtig? Entscheide mithilfe der Tabelle. Kreuze an.

☐ Es machen mehr Männer als Frauen Fahrradausflüge.

☐ Menschen zwischen 30 und 39 Jahren machen die wenigsten Ausflüge.

☐ Es fahren insgesamt weniger Menschen mit Elektrofahrrädern.

Götter- und Heldensagen hören und lesen

Über Sagen sprechen – Sagen erschließen

1 Sieh dir das Bild des kämpfenden Herakles[1] an. Was könnte passiert sein?

[1] **Herakles** war der Sohn des Göttervaters Zeus. Er musste viele schwierige und gefährliche Aufgaben bewältigen.

2 Lies die folgende Sage über Herakles.

Dimiter Inkiow
Der Kampf der Giganten

1 Die Göttin der Erde hatte wilde und riesengroße Söhne. [...]
2 Diese Söhne wurden Giganten genannt und lebten in Höhlen.
3 Dort kämpften sie oft einfach nur zum Spaß miteinander.
4 Die Giganten wollten alle Götter von ihrem Wohnsitz vertreiben.
5 Sie wünschten sich, so mächtig zu sein wie der oberste Gott Zeus. [...]
6 Ein grausamer Kampf entwickelte sich zwischen den Giganten
7 und den Göttern: Der Gott der Bogenschützen schoss seine immer
8 treffenden Pfeile ab. Der Gott der Schmiedekunst schleuderte glühende
9 Kohlen auf sie. Mit seinem Dreizack stieß der Gott des Meeres zu.
10 Schließlich rief der Gott des Krieges: „Wir werden den Kampf verlieren,
11 die Giganten sind nicht zu schlagen!"
12 Die Götter hatten beobachtet, dass die Giganten nach jedem Kontakt
13 zur Erde neue Kraft gewannen. [...]
14 Ein allwissender Gott hatte eine Idee: „Wir können den Kampf nur gewinnen,
15 wenn ein Sterblicher für uns kämpft. Ich denke an den Sohn von Zeus."
16 Dieser hieß Herakles. [...] Die Götter statteten den unbewaffneten
17 Herakles mit ihren Waffen aus und schickten ihn in den Kampf.
18 Wie zuvor fielen die Giganten zu Boden, wenn sie getroffen wurden.
19 Nur kurze Zeit später jedoch sprangen sie mit neuer Kraft wieder auf.
20 Herakles verstand, dass er nur eine Chance hatte:
21 Die Giganten durften die Erde nicht mehr berühren. Und was tat er?
22 In dem Moment, in dem ein getroffener Gigant zu Boden ging, packte er
23 ihn mit beiden Armen, trug ihn zum Meer und warf ihn ins Wasser.
24 Nun konnten die Giganten die Erde nicht mehr berühren und keine neue Kraft
25 schöpfen. Sie mussten aufgeben. So rettete Herakles die Götter. [...]*

3 Schreibe die Namen auf die Linie.

Wer besiegte die Giganten? _____

Wie hieß der Vater des Helden? _____

4 Wie wurden die Giganten endgültig besiegt?
Ergänze den Lückentext.

| Herakles |
| Erde |
| bat |
| sterblicher |
| besiegt |
| Meer |
| Kraft |
| Giganten |

Der weise Gott hatte die Idee, dass nur ein _____

Mensch helfen könnte, die _____

zu besiegen. Er _____ deshalb den Sohn von Zeus

um Hilfe. Der Sohn von Zeus hieß _____ .

Dieser warf die Giganten während des Kampfes in das _____ .

Dort hatten die Giganten keinen Kontakt mehr zur _____ .

Sie bekamen keine neue _____ .

Damit waren die Giganten endgültig _____ .

5 Die Sage gehört zu den Heldensagen.

a Lies den Merkkasten zu Göttersagen und Heldensagen.

> **Göttersagen** erzählen Geschichten aus dem **Leben der Götter**.
> In **Heldensagen** erfährst du etwas über die **Taten der Helden**.
> Oft geht es in den Sagen der Götter und Helden um **besondere Kräfte**,
> **abenteuerliche Reisen** oder **Kämpfe**.

b Warum handelt es sich bei der Geschichte um eine Heldensage? Kreuze an.

☐ Der Held Herakles und die Götter kämpfen mit den Giganten.

☐ Eine Geschichte aus dem Leben der Götter wird erzählt.

☐ In der Geschichte werden verschiedene Fantasietiere erwähnt.

6 Gefällt dir die Heldensage? Begründe deine Meinung.
Entscheide dich und beantworte A oder B.

A Mir gefällt die Heldensage, weil _____ .

B Mir gefällt die Heldensage nicht, weil _____ .

Schelmen- und Lügengeschichten hören und lesen

Über Schelmengeschichten sprechen – Schelmengeschichten erschließen

1 Kennst du die Figur auf dem Bild?
Ergänze die Sätze.

> Streichen / Schelm / Till Eulenspiegel

Auf dem Bild ist _____ zu sehen.

Er wird auch als _____ bezeichnet.

Menschen trickste er mit seinen _____ aus.

2 Lies die Geschichte über Till Eulenspiegel.

Erich Kästner
Wie Eulenspiegel einem Esel das Lesen beibrachte

1. Abschnitt

1 [...] Till Eulenspiegel behauptete, alles zu wissen und zu können. Und er
2 beantwortete tatsächlich sämtliche Fragen, die ihm Professoren und Gelehrte
3 stellten. Bei einem Besuch zerbrachen sich die Studenten und der Direktor
4 der Universität den Kopf, was für eine Aufgabe sie ihm stellen könnten. [...]
5 „Er soll nicht uns, sondern wir wollen ihn hineinlegen", sagten sie. [...]

3 Was behauptete Till Eulenspiegel? Ergänze den Satz.

Till Eulenspiegel behauptete,_____.

4 Wer sollte hereingelegt werden? Kreuze die Antwort an.

☐ Die Studenten und der Direktor der Universität sollten hereingelegt werden.
☐ Till Eulenspiegel sollte hereingelegt werden.

2. Abschnitt

6 Sie kauften einen Esel, dem Till Eulenspiegel das Lesen beibringen sollte. [...]
7 Till sagte: „Ein Esel ist ein dummes Tier, deshalb wird der Unterricht ziemlich
8 lange dauern. Schätzungsweise zwanzig Jahre." Er dachte: „Zwanzig Jahre sind
9 eine lange Zeit. Bis dahin stirbt vielleicht der Direktor. Oder ich sterbe selber.
10 Oder der Esel stirbt." Der Direktor war mit den zwanzig Jahren einverstanden. [...]

5 Wie lange, glaubt Till Eulenspiegel, wird es dauern, bis der Esel das Lesen gelernt hat? Schreibe die Antwort von Till Eulenspiegel auf.

„Schätzungsweise _____."

6 Warum wählt Till Eulenspiegel **zwanzig Jahre** aus?
Markiere im 2. Abschnitt die Antwortsätze.

3. Abschnitt

11 Als Till mit dem Esel allein im Stall war, legte er ein altes Buch in die Futterkrippe.

12 Zwischen die ersten Seiten legte er Hafer. Das merkte sich der Esel. Um den Hafer

13 zu fressen, blätterte er mit dem Maul die Seiten des Buches um. Fand er keinen

14 Hafer, rief der Esel laut „I-a, i-a!" Das fand Eulenspiegel großartig. Er übte es mit

15 dem Esel wieder und wieder. Nach einer Woche lud Till den Direktor ein. [...]

16 Eulenspiegel legte dem Esel ein Buch in die Krippe. Hungrig blätterte der Esel

17 die Seiten des Buches um. Da Eulenspiegel diesmal überhaupt keinen Hafer in

18 das Buch gelegt hatte, schrie das Tier so laut es konnte „I-a, i-a, i-a!"

19 „I und A kann er schon", sagte Eulenspiegel. „Morgen beginne ich damit, ihm

20 O und U beizubringen". Da ging der Direktor wütend fort. Er ärgerte sich so sehr,

21 dass ihn bald darauf der Schlag traf. Till jagte den Esel aus dem Stall [...], packte

22 seine Sachen und verließ schnell die Stadt.*

7 Warum blättert der Esel die Seiten des Buches um?
Kreuze die richtige Antwort an.

Der Esel blättert die Seiten des Buches um, …

☐ … weil er Hafer sucht. ☐ … weil er das Buch spannend findet.

8 Lies den Merkkasten

> **Schelmengeschichten** sind meist **kurze Erzählungen**. Ein **Schelm** oder ein **Narr** spielt anderen einen **Streich**. Der **Schelm** ist meist der **Schwächere und Ärmere** und überlistet einen **Stärkeren**, **Reicheren oder Schlaueren**.

9 Welche Merkmale einer Schelmengeschichte treffen auf die Geschichte zu?
Kreuze an.

Merkmal	stimmt	stimmt nicht
Ein Schelm spielt anderen Menschen Streiche.	☐	☐
Ein Schelm überlistet schlaue Menschen.	☐	☐
Die Erzählung ist relativ kurz.	☐	☐

Über Lügengeschichten sprechen – Lügengeschichten erschließen

1 Lügengeschichten handeln von ungewöhnlichen Ereignissen.

 a Sieh dir das Bild an.

b Wie könnte das Pferd auf den Kirchturm gekommen sein?
Schreibe zwei Ideen in dein Heft.

c Die folgende Geschichte erzählt Baron von Münchhausen.
Lies die Lügengeschichte oder lass sie dir vorlesen.

Erich Kästner

Das Pferd auf dem Kirchturm

1 Meine erste Reise nach Russland unternahm ich mitten im tiefsten Winter!
2 Denn im Frühling und Herbst sind die Straßen in Polen […] vom Regen ganz
3 aufgeweicht, so dass man stecken bleibt. Im Sommer sind sie knochentrocken und
4 so staubig, dass man vor lauter Husten nicht vorwärtskommt. […]
5 Weil es am praktischsten ist, reiste ich mit dem Pferd. Leider fror ich jeden Tag
6 mehr, denn ich hatte einen zu dünnen Mantel angezogen. […] Oft konnte ich
7 die Wege und Wegweiser nicht sehen, überall war nur Schnee.
8 Eines Abends kletterte ich müde von meinem Pferd herunter. Ich band ihn an einer
9 Baumspitze fest, die aus dem Schnee herausschaute. Dann legte ich mich auf
10 meinen Mantel und schlief ein. Als ich aufwachte, schien die Sonne. Und als ich
11 mich umgeschaut hatte, rieb ich mir erst einmal die Augen. Wisst ihr, wo ich lag?
12 Mitten in einem Dorf, und noch dazu auf dem Friedhof! „Donner und Doria!",
13 dachte ich. Denn wer liegt schon gerne kerngesund, wenn auch ziemlich verfroren,
14 auf einem Friedhof?
15 Außerdem war mein Pferd verschwunden! Ich hatte es doch neben mir
16 angebunden! Plötzlich hörte ich es laut über mir wiehern. Nanu!
17 Ich blickte hoch und sah das arme Tier an der Kirchturmspitze hängen!
18 Es wieherte und zappelte […]. Aber wie war es denn auf den Kirchturm
19 hinaufgekommen?

20 Langsam begriff ich, was geschehen war: Das Dorf und die Kirche waren

21 eingeschneit gewesen. Was ich im Dunkeln für eine Baumspitze gehalten hatte,

22 war die Spitze der Kirche gewesen! Nachts hatte es dann getaut. Und ich war im

23 Schlaf mit dem schmelzenden Schnee Zentimeter für Zentimeter hinabgesunken.

24 [...] Was war zu tun? Da ich ein guter Schütze bin, nahm ich eine meiner Pistolen,

25 zielte auf die Zügel des Pferdes und schoss sie entzwei. Als das Pferd unten

26 angekommen war, schwang ich mich in den Sattel.

27 Unsere abenteuerliche Reise konnte weitergehen.*

2 Warum hängt das Pferd an der Kirchturmspitze?
Markiere die entsprechende Stelle farbig im Text.

3 Die Erzählschritte sind durcheinandergeraten.
Schreibe die richtige Reihenfolge vor die Sätze.

1	Baron von Münchhausen bindet sein Pferd an einer Baumspitze an.
	Nach der Befreiung des Pferdes vom Kirchturm reiten beide weiter.
	Über Nacht schmilzt der Schnee.
	Er war ein guter Schütze und durchschoss die Zügel des Pferdes.
	Als Baron von Münchhausen am nächsten Tag erwacht, liegt er mitten auf einem Friedhof und sucht sein Pferd.
	Er erblickt sein Pferd schließlich angebunden an der Kirchturmspitze.

4 Was könnte in der Lügengeschichte wirklich passiert sein?
Was ist auf jeden Fall gelogen?
Kreuze an.

Beispiel	das könnte passiert sein	das ist gelogen
Der Baron reitet im Winter durch Russland.	☐	☐
Es liegt sehr viel Schnee.	☐	☐
Das Pferd ist an einer Baumspitze angebunden.	☐	☐
Das Pferd zappelt und wiehert angebunden an der Kirchturmspitze.	☐	☐
Über Nacht setzt Tauwetter ein.	☐	☐

5 Lügengeschichten untersuchen.

 a Lies den folgenden Merkkasten.

> **Lügengeschichten** sind Geschichten, die zumindest **teilweise wahr sein könnten**. Durch **Übertreibungen** kann man diese Lügen erkennen. Diese Übertreibungen **steigern sich** im Verlauf der Geschichte und sollen die **Leserin** und den **Leser** **unterhalten**. Lügengeschichten sind in der **Ich-Form** geschrieben. Sie enthalten oft Angaben zu **Ort und Zeit**.

 b Warum ist **Das Pferd auf dem Kirchturm** eine Lügengeschichte?
Ergänze die Tabelle.

Merkmal einer Lügengeschichte	Beispiel aus der Geschichte
Erzählung in Ich-Form	
Übertreibungen/ Steigerung der Lügen	
Angaben zu Ort und Zeit	

6 Einen Cluster erstellen.

 a Lies den folgenden Merkkasten.

> Ein **Cluster** bedeutet übersetzt Haufen oder Anhäufung.
> Man **sammelt** auf diese Weise **Ideen zu einer Frage** oder **einem Thema**.
> In die **Blattmitte** schreibt man das **Thema** oder die **Frage**.
> Ringsherum kommen die **Ideen**, die einem dazu einfallen.
> Dann wird mit Verbindungslinien gezeigt, dass diese **Dinge zusammenhängen**.

 b Warum lügen Menschen? Erstelle einen Cluster dazu in deinem Heft.
Du kannst Antworten aus dem Kasten auswählen oder eigene Antworten eintragen.

> aus Angst vor Strafen / um Ärger zu vermeiden / um interessant zu wirken /
> um Anerkennung zu bekommen / um andere nicht zu enttäuschen

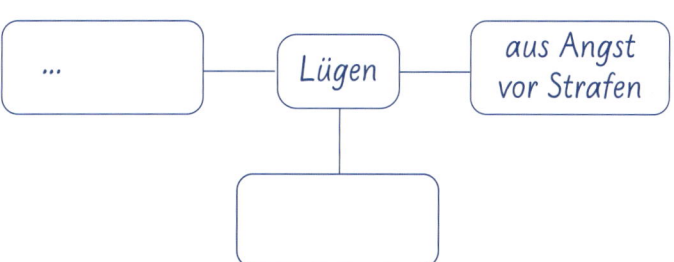

Erzählen

Geschichten nacherzählen

 1 Lies die folgende Geschichte.

David Henry Wilson
Der Elefant auf Papas Auto

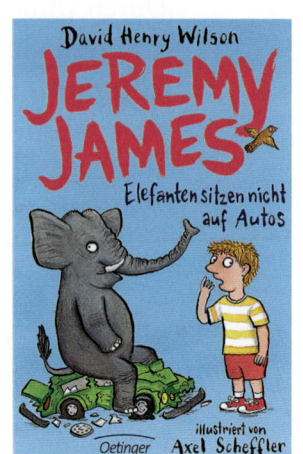

1 „Mama", sagte Jeremy James, „auf Papas Auto sitzt
2 ein Elefant."
3 „Ja, mein Junge", sagte die Mama, die Augen auf den
4 Händen, die Hände auf dem Teig, der Teig auf dem Tisch. [...]
5 „Er sitzt immer noch da", sagte Jeremy James
6 zwei Minuten später. [...]
7 „Mama, meinst du, ich soll Papa Bescheid sagen?"
8 „Nein, lass deinen Vater in Ruhe", sagte die Mama, „du weißt,
9 er kann es nicht leiden, wenn man ihn bei der Arbeit stört."
10 „Papa sieht Fußball im Fernsehen."
11 „Wenn Papa sagt, er arbeitet, dann arbeitet er."
12 „Aber ein Elefant sitzt auf seinem Auto!", sagte Jeremy James. [...]
13 „Schluss jetzt. Spiel mit deiner Eisenbahn!"
14 Jeremy James setzte sich auf den Teppich und spielte mit seiner Eisenbahn [...].
15 „Tor", sagte der schwer arbeitende Papa.
16 Und der Elefant saß noch immer auf Papas Auto.
17 „Mama", sagte Jeremy James, denn es hatte sich etwas Neues ergeben.
18 „Mama, der Elefant hat gerade sein großes Geschäft auf Papas Auto gemacht." [...]
19 „Jeremy James, wenn du nicht aufhörst, gehst du sofort ins Bett. Spiel jetzt mit
20 deiner Eisenbahn und hör mit dem Elefanten auf und vor allem mit diesem
21 großen Geschäft." [...]
22 Dann kam Papa mit langem Gesicht aus dem Wohnzimmer.
23 „Verloren", sagte Papa, „ganz zum Schluss. Ein Eigentor." [...]
24 Schließlich ging Papa aus der Küche, durchs Wohnzimmer in den Flur, machte die
25 Haustür auf und ging aus dem Haus. [...]
26 Papas Kinnlade sackte herab und dann kam Papa zurück ins Haus [...].
27 „Das Auto!", sagte Papa. Dann ging sein Mund ein paarmal auf und zu, als ob man
28 ihn gerade aus dem Wasser gezogen hätte. „Das Auto!", sagte er noch einmal.
29 „Was ist mit dem Auto?", fragte Mama und strich Handcreme auf das Brot.

2 Was könnte mit dem Auto passiert sein?
Schreibe in dein Heft.

3 Lies nun, was der Vater tatsächlich gesehen und erlebt hat.

30 „Es ist völlig hin! Es … es ist völlig hin! Es sieht aus, als wäre es

31 zusammengequetscht worden! Total zusammengequetscht!"

32 „Oh, John", sagte Mama, die nur dann John zu Papa sagte, wenn sie sehr

33 aufgeregt war oder wenn sie Geld von ihm wollte. „Oh, John … ist es etwa

34 auch … ist es etwa auch … ganz … voll Mist?"

35 „Ja", sagte Papa, „und wie! So etwas habe ich noch nicht gesehen.

36 Eine ganze Kuhherde muss auf dem Ding herumgetrampelt sein."

37 „Es war keine Kuhherde", sagte Jeremy James, „es war ein Elefant." […]*

4 Erzähle die Geschichte nach.

 a Zur Vorbereitung deiner Nacherzählung lies den Merkkasten.

> 1. **Lies** die Geschichte **mehrmals aufmerksam** oder höre gut zu.
> 2. Teile die Geschichte in folgende **Abschnitte ein**: Beginn, Zuspitzung, Auflösung, Ende.
> 3. Erzähle mit deinen **eigenen Worten** nach. Du darfst jedoch auch die **wörtliche Rede** und **besondere Formulierungen übernehmen**.

b Übertrage dein Wissen zur Nacherzählung nun auf die Geschichte. Schreibe die Begriffe auf die Zeilen.

> das Ende
> der Beginn
> die Zuspitzung
> die Auflösung

> – Jeremy zur Mutter: „Elefant sitzt auf Papas Auto"
> – Jeremys Mutter bäckt, wenig interessiert
> – Jeremy überlegt, Vater zu informieren
> – Mutter will Vater in Ruhe lassen

_____

> – Jeremy beeindruckt von dem großen Geschäft des Elefanten
> – Mutter schimpft, er soll aufhören
> – Jeremy soll Eisenbahn spielen

_____

> – Vater kommt aus dem Wohnzimmer
> – Vater geht vor das Haus
> – Vater geschockt zurück ins Haus: „Das Auto!"
> – Mutter fragt, was passiert ist

_____

> – Vater berichtet von zerquetschtem Auto
> – Mutter erkundigt sich nach Mist auf dem Auto
> – Jeremy: „Es war keine Kuhherde", […] „es war ein Elefant."

_____

 c Übe mit den Stichpunkten das Nacherzählen der Geschichte.

Abenteuergeschichten schreiben

1 Abenteuergeschichten handeln von ungewöhnlichen, oft auch gefährlichen Erlebnissen.

 a Meggies Mutter verschwand vor vielen Jahren spurlos. Lies, was Meggies Vater Mo davon erzählt.

Cornelia Funke

Tintenherz (Auszug)

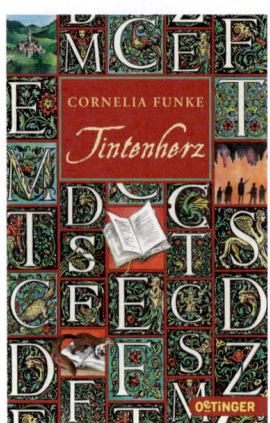

1 „[…] Ich erinnere mich, als wäre es gestern gewesen. Es war
2 Herbst und es zog durch die Fenster. Wir hatten ein Feuer
3 gemacht […] und ich las das siebente Kapitel. Da passierte es …"
4 Mo blickte vor sich hin, als hätte er sich in den eigenen
5 Gedanken verirrt.
6 „Was?", flüsterte Meggie. „Was passierte, Mo?"
7 Ihr Vater sah sie an. „Sie kamen heraus", sagte er. „Plötzlich standen sie da,
8 in der Tür zum Flur, als wären sie von draußen hereingekommen. Es knisterte,
9 als sie sich zu uns umdrehten – so als entfaltete jemand ein Stück Papier.
10 Ich hatte ihre Namen noch auf den Lippen: Basta, Staubfinger, Capricorn.
11 Basta hielt Staubfinger am Kragen gepackt wie einen jungen Hund, den man
12 schüttelt, weil er etwas Verbotenes getan hat. Capricorn trug schon damals gern
13 Rot, aber er war neun Jahre jünger und noch nicht ganz so dünn, wie er es heute
14 ist. Er besaß ein Schwert, ich hatte noch nie eins aus der Nähe gesehen. Basta hatte
15 auch eins am Gürtel hängen, ein Schwert und sein Messer, während Staubfinger …"
16 Mo schüttelte den Kopf […]. „Ich glaube nicht, dass einer der drei begriff, was
17 geschehen war. Ich begriff es auch erst viel später. Meine Stimme hatte sie aus
18 ihrer Geschichte rutschen lassen wie ein Lesezeichen, das jemand zwischen den
19 Seiten vergessen hat. Wie sollten sie das begreifen." […]
20 „Und meine Mutter?" Meggie konnte nur flüstern. Sie war es nicht gewohnt,
21 das Wort auszusprechen.
22 Mo sah sie an. „Ich konnte sie nirgends entdecken!" […] *

 b Was könnte Meggies Mutter passiert sein? Schreibe die Antworten in Stichpunkten in dein Heft.

1 Wo ist die Mutter?

2 Welche Figuren trifft sie?

3 Was erlebt sie?

4 Wie fühlt sie sich?

2 Was gehört in die **Einleitung**?
Und was gehört in den **Schluss** einer spannenden Geschichte?
Ordne die Inhalte der Wortliste richtig zu.
Schreibe in die Tabelle.

> Lösung der Aufgabe / Rettung von Figuren / Figuren vorstellen / Spannung aufbauen /
> Handlungsort vorstellen / Handlungszeit vorstellen / Ausblick geben /
> Ausgangssituation schildern

Einleitung	Schluss

3 Du schreibst nun selbst einen Schluss.

a Schreibe einen **Schluss** zum Auszug von **Tintenherz**.
Nutze dafür deine Antworten aus Aufgabe 1 b
und die Hinweise aus der Tabelle von Aufgabe 2.

 b Lest euch eure erfundenen Schlüsse zum Auszug gegenseitig vor.
Sagt eurer Partnerin oder eurem Partner, was euch gut gefällt.

Kindertheater kennen lernen

Theaterstücke lesen und verstehen

1 Geschichten aus Büchern, Märchen und Sagen gibt es manchmal auch als Filme, Hörspiele oder Theaterstücke.
Welche kennt ihr? Sprecht darüber.

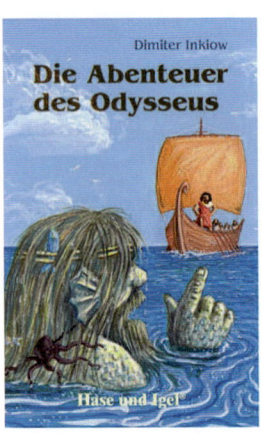
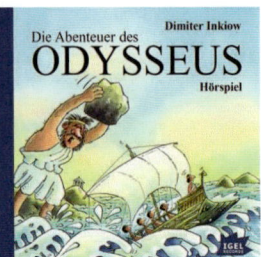
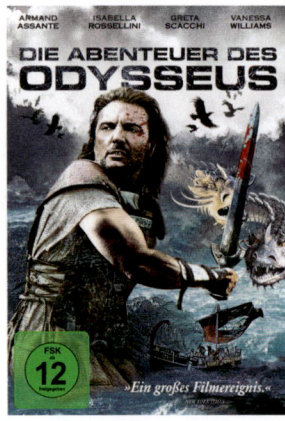

> Ein **szenischer Text** besteht hauptsächlich aus **wörtlicher Rede**, aus **Monologen** (Selbstgesprächen) und **Dialogen** (Zwiegesprächen) von Figuren.
> Zusätzlich gibt es oft **Regieanweisungen**, die Hinweise auf Ort und Zeit, die Gestaltung der Bühne und Requisiten sowie Handlungen und Sprechweise der Figuren geben.
> Regieanweisungen sind anders gedruckt, entweder schräg oder farbig.

2 Eine Figurine ist eine Zeichnung. Die Zeichnung zeigt, wie ein Kostüm später aussehen soll.

a Betrachte die Figurine.

b Wie soll das Kostüm aussehen?
Wähle aus folgenden Adjektiven aus. Kreise ein.

> historisch / modern / männlich / weiblich /
>
> lustig / finster / hinterhältig / schlau

c Kostüme sind für bestimmte Rollen und Stücke gedacht.
Wofür könnte dieses Kostüm sein? Schreibe auf.

d Suche dir eine Figur aus einer Geschichte aus.
Zeichne die Figur mit ihrem Kostüm auf einem Extra-Blatt.

Ins Kinder- und Jugendtheater gehen

1 Auf dem Bild siehst du eine Szene aus einer Theateraufführung.

a Sieh dir das Bild genau an.

Das ist ein Foto von einem Theaterstück des GRIPS Theaters Berlin.

b Beschreibe das **Bühnenbild**.

1 Wie viele Personen siehst du?

2 Wie sind sie gekleidet?

> elegant
> lässig
> sportlich
> mittelalterlich

3 Was machen sie gerade?

4 Was befindet sich noch auf der Bühne?

5 Hält jemand etwas in der Hand?

> Bei einer **Theateraufführung** spielen Schauspielerinnen und Schauspieler einen szenischen Text auf der **Bühne**. Meist tragen sie dazu ein **Kostüm**, das zu ihrer **Rolle** (Figur) passt. Sie benutzen **Requisiten** (Gegenstände: Rucksack, Schwert, Geschirr, …). Zum **Bühnenbild** gehören die Gestaltung der Bühne (der Wände, …) und die Einrichtungsgegenstände (Möbel, Bushaltestelle, …).

Selbst Theater spielen

Die ersten Schritte auf der Bühne

In eine Rolle schlüpfen, die Gefühle einer Figur darstellen oder eine ganze Szene spielen – all das kann man lernen. Oft hilft es, mit **Mimik** (Gesichtsausdruck) und **Gestik** (Körpersprache) ausdrucksstark zu spielen.

 1 Wie fühlst du dich in den folgenden Situationen?
Drücke es mit der **Mimik** (deinem Gesichtsausdruck) aus.

    A Deine Mutter erklärt dir, dass deine Katze sehr krank ist.

    B Der Eisverkäufer gibt dir eine Kugel Eis umsonst.

    C Dein Deutschlehrer sagt dir, dass du nicht die Hauptrolle spielen darfst.

2 Stellt die folgenden Situationen zu zweit oder in kleinen Gruppen dar.

 a Spielt die Szenen zuerst **stumm** (pantomimisch) nur mit Mimik und Gestik.
Überlegt gemeinsam: Mit welcher **Mimik** (Gesichtsausdruck) können die Szenen am besten dargestellt werden?
Welche **Gestik** (Körpersprache) passt dazu?

    A Zwei Menschen tragen eine große Torte durch eine Menschenmenge.

    B Du musst deinen Eltern eine schlechte Note beichten.

    C Du willst mit Freunden im Park spielen, aber alle starren nur auf ihr Smartphone.

    D An der Haltestelle warten Menschen auf den Bus, der sich verspätet: ein älterer Herr, ein Schulkind, eine Mutter mit Kind, ein Geschäftsmann. Wie reagieren sie?

> **Mimik (Gesichtsausdruck):**
> vorsichtig
> zögerlich
> ärgerlich
> erschreckt
> ängstlich
> konzentriert
> …

 b Setzt jetzt eure Sprache ein. Sucht euch zwei Szenen aus. Spielt sie frei. Überlegt vorher gemeinsam:
Was könnten die Figuren sagen?
Wie könnten sie es sagen?

> leise
> brüllend
> ärgerlich
> beruhigend
> ängstlich
> …

3 Lies die 1. Szene aus dem Theaterstück **Das Hemd des Glücklichen**.

James Krüss

Das Hemd des Glücklichen (Auszug)

1 Vorhang auf! König im riesigen Himmelbett. Kammerdiener an der Tür.

2 **Kammerdiener:** Majestät, der berühmte Wunderdoktor ist da.

3 **König:** Ich will – zum Donnerwetter – keinen Arzt mehr sehn! […]

4 Kurzes Türklopfen, Tür geht auf, Doktor tritt ein.

5 **Doktor** (sanft)**:** Lass uns allein! Ich möchte mit dem König reden.

6 **König:** Wer – zum Donnerwetter nochmal – ist denn das?

7 **Doktor:** Wenn Majestät nicht so schreien würden, […] würde er länger leben.

8 **König:** Zum Donnerwetter (leiser) … nochmal, ist das wahr?

9 **Doktor:** So wahr ich der Doktor Hieronymus Lux bin. […] Wo tut es weh?

10 **König** (stöhnend)**:** Hier hinten … unten.

11 **Doktor:** Decke zurückschlagen! Dreht Euch um, Majestät! […]

12 Der König tut es. Der Doktor schaut über das üppige Federbett.

13 Hm! (Pause) Aha. (Pause) Dachte ich mir. (Richtet sich auf.)

14 **König** (ängstlich)**:** Ist es eine gefährliche Krankheit, Doktor?

15 **Doktor:** […] Um gesund zu werden, müsst Ihr Euer Leben ändern, Majestät!

16 **König:** Ich bin der König, […] ich lebe, wie ich will!

17 **Doktor:** Dann, Majestät, werdet Ihr immer fetter werden. […]

18 Doktor deckt den König wieder zu. […]

19 Der Atem wird schwerer werden, der Schlaf schlechter,

20 das Bauchgrimmen heftiger und eines Tages …

21 **König:** Warum stockt Ihr, Doktor?

22 **Doktor:** Weil man nie gern sagt, dass einer nicht mehr

23 lange leben wird.

24 **König:** Ihr … Ihr meint … meine Tage seien … gezählt?

25 **Doktor:** Wenn Ihr Euer Leben nicht ändert: Ja!

26 **König:** So nennt mir die Krankheit, und nennt mir die Medizin. […]

27 **Doktor:** Die Medizin? Steht auf, durchwandert Euer Königreich und […]

28 versucht, das Hemd eines Glücklichen zu finden. […]

29 Es macht euch gesund, bringt Euch Bewegung und Erfahrung. […]

30 Er geht. Die Tür schlägt zu.

31 **König:** […] Sollte ich mich wirklich nach dem Hemd eines Glücklichen

32 umsehen? (ächzt) […] (laut) Aber wozu bin ich König, zum Donnerwetter?

33 Sollen meine Leute das Hemd für mich suchen!

34 (brüllt) Schlooosshaaauptmaaann! […]*

 4 Lest die Szene mit verteilten Rollen: König, Doktor.
Eine weitere Person liest die Regieanweisungen:
blau gedruckte Wörter und Sätze.

Tipp
Denkt beim Vorlesen daran,
dass ein König viel Macht hat
und ein Doktor meist viel weiß.

Gedichte hören und lesen

Über Gedichte sprechen – Gedichte erschließen

1 Lies das Gedicht **Sonnenaufgang**.

Georg Bydlinski (geb. 1956)
Sonnenaufgang

1 Die Sonne belichtet den Morgen.   *a*

2 Die Berge sind deutlich und nah.   *b*

3 Der Himmel hielt Bläue verborgen,   ___

4 und plötzlich, im Licht, ist sie da.   ___

5 Der Wind streicht mir über die Wangen,   ___

6 noch kühl, aber gar nicht mehr kalt.   ___

7 Die Nacht ist zu Ende gegangen.   ___

8 Die Blumen öffnen sich bald.   ___

9 Die Sonne belichtet den Morgen.   ___

10 Er ist so, wie ich ihn mag.   ___

11 Viel seh ich, und viel bleibt verborgen.   ___

12 Mein Kopf macht ein Foto vom Tag.   ___

2 In Gedichten werden oft bestimmte Stimmungen ausgedrückt.

a Wie wirkt das Gedicht auf dich? Kreuze an.

☐ ruhig ☐ friedlich ☐ bedrohlich ☐ heiter ☐ frostig ☐ sommerlich

b Male ein Bild zu dem Gedicht auf einem extra Blatt.
Nutze Wasserfarben. Versuche, die Stimmung mit Farben auszudrücken.

c Worum geht es in dem Gedicht?
Ergänze den Satz mit einer passenden Wortgruppe aus dem Kasten.

> einen friedlichen Morgen / die erwachende Natur / ein Gewitter am Morgen

In dem Gedicht geht es um _____ .

3 Gedichte haben eine bestimmte Form.
Untersuche den Aufbau des Gedichts **Sonnenaufgang**.

a Beantworte dazu folgende Fragen.

1 Wie viele Strophen hat das Gedicht? _____

2 Wie viele Verse hat das Gedicht? _____

b Das Gedicht **Sonnenaufgang** hat als Reimschema einen Kreuzreim.
Schreibe die Buchstaben a und b passend hinter jede Gedichtzeile.

> **Tipp**
> **die Strophe:** Abschnitt in einem Gedicht
>
> **der Vers:** Wörter und Sätze, die in einem Gedicht in einer Zeile oder Reihe stehen

> **Reimschema**
> **Paarreim:** Zwei Verse reimen sich nacheinander a a b b.
> **Kreuzreim:** Ein Vers reimt sich mit dem übernächsten a b a b.
> **umarmender Reim:** Ein Paarreim wird von einem anderen Reim umschlossen a b b a.

4 Lies das folgende Gedicht.

Johann Wolfgang von Goethe (1749–1832)
Meeresstille

1 Tiefe Stille herrscht im Wasser,   a

2 Ohne Regung[1] ruht das Meer,   b

3 Und bekümmert sieht der Schiffer   a

4 Glatte Fläche ringsumher.   b

5 Keine Luft von keiner Seite!   a

6 Todesstille fürchterlich!   b

7 In der ungeheuern Weite   a

8 Reget keine Welle sich.   b

[1] **die Regung:** die Bewegung

5 Untersuche den Aufbau des Gedichts.

a Beantworte die beiden Fragen.

1 Wie viele Strophen hat das Gedicht? _____

2 Aus wie vielen Versen besteht das Gedicht? _____

b Markiere jeweils die zwei Reimwörter mit einer Farbe.

c Welches **Reimschema** hat der Dichter genommen? Schreibe auf.

> **Tipp für Aufgabe c**
> Die farbigen Buchstaben hinter den Gedichtzeilen helfen dir.

6 Seht euch das Gedicht **Apfel** genau an.

a An was erinnert euch die Form des Gedichts? Sprecht darüber.

b Nicht alle Wörter sind gleich. Kreist die Ausnahme ein.

Reinhard Döhl (1934–2004)

Apfel

> In manchen Gedichten wird mit Sprache gespielt. Es können besondere
> **bildliche Formen** entstehen. Das nennt man **konkrete Poesie**. Dabei werden
> Wörter, Buchstaben oder Sätze **in einer bestimmten Form** angeordnet.

7

 a Lies das Gedicht **Die Brücke**.

Renate Welsh (geb. 1937)

Die Brücke

Worte Worte Worte
Worte Worte Worte Worte
Worte   Worte
Worte   Worte
Worte   Worte
ICH   Worte   Worte   DU

b Warum handelt es sich um **konkrete Poesie**? Welche Form bilden die Wörter?

Zwischen ICH und DU _____.

8 Versuche nun selbst, in deinem Heft konkrete Poesie zu gestalten.

a Denke dir zuerst eine Überschrift aus oder wähle eine aus.

> Im Regen / Trauriger Baum / Das Gewitter

b Denke dir zu deiner Überschrift eine passende Form aus oder wähle aus.

> eine Regentropfenform / eine Blattform vom Baum / einen Blitz

Gedichte miteinander vergleichen

1 Vergleiche die Gedichte **Sonnenaufgang** (Aufgabe 1 Seite 46) und **Meeresstille** (Aufgabe 4 Seite 47).
In den beiden Gedichten **Sonnenaufgang** und **Meeresstille** geht es um Naturerscheinungen.

Tipp
Deine Ergebnisse aus den Aufgaben 1 bis 5 (Seiten 46 und 47) helfen dir.

a Fülle dazu folgende Tabelle aus.

	Sonnenaufgang	Meeresstille
der Dichter	Georg B_____	Johann Wolfgang _____
das Thema	morgendliches Erwachen der_____	Stille auf dem _____
die Stimmungen **Tipp**: Beachte auch die markierten Wörter im Gedicht „Meeresstille".	_____ _____ _____	_____ _____ _____
die Anzahl der Strophen	_____	_____
die Anzahl der Verse	_____	_____
das Reimschema	_____	_____

b Kreise die **Gemeinsamkeiten der beiden Gedichte** mit einer Farbe ein.

Kinderbücher lesen, vorlesen und vorstellen

Ein Buch auswählen

1 Yasin macht sich Gedanken über eine Buchvorstellung.
Welche Aufgaben hat er und was fällt ihm schwer? Lies.

> Ich soll ein Buch vorstellen, das mir selbst gut gefällt.
> Ich soll sagen, warum ich es gerne gelesen habe.
> Ich soll erklären, warum andere es auch lesen sollten.
> Nehme ich ein Sachbuch, einen Fantasyroman oder lieber ein Buch
> über Freundschaft? Ich kann mich nicht entscheiden.

2 Auf dem **Cover (Einband)** eines Buches findest du viele Informationen:
– wie das **Buch heißt (Titel)**,
– wer das **Buch geschrieben hat (Autorinnen und Autoren)**
– und welcher **Verlag** das **Buch herausgegeben** hat.
Das **Titelbild** auf dem Einband verrät oft, was für ein Buch es ist,
zum Beispiel: ein Roman, ein Märchenbuch, ein Sachbuch.

a Sieh dir die Cover an.

b Kreise Autorinnen/Autoren und Titel der Bücher ein.

A

B

C

3 Durch den **Klappentext** erfährst du **Genaueres über ein Buch**.
Der Klappentext steht meistens auf der Rückseite eines Buches.

a Lies die folgenden Klappentexte genau durch.

b Ordne sie den Büchern zu.
Schreibe den passenden Buchstaben (A, B, C) in das Kästchen.

> Zonja liebt es, im Schwimmbad Leute zu beobachten […].
> Doch an diesem Tag fischt sie Mucks aus dem Wasser. Mucks sieht mit seinen
> abstehenden Ohren aus wie ein Außerirdischer. Er ist der erste Mensch seit
> Jahren, der ihr Freund werden könnte. Aber irgendwas stimmt nicht mit ihm.
> In diesem verrückten Sommer findet Zonja heraus, warum Mucks nicht schwimmen
> kann und welches Geheimnis er hat.*

> Buddy und seine Schwester Liz finden eine Nachricht von Tante Abigail auf
> ihrem Anrufbeantworter vor. Die Aufregung ist groß. Erstens kennen sie diese Tante
> nur vom Erzählen. Zweitens klingt sie ziemlich verrückt. Und drittens ist sie seit über
> 300 Jahren tot! Trotzdem folgt Buddy den seltsamen Anweisungen seiner Tante.
> Er landet in einem Hochhaus im 13. Stock. Das Stockwerk gibt es eigentlich nicht.
> Und dann gerät Buddy ins 17. Jahrhundert – mitten auf ein Piratenschiff!*

> […] Finn fährt zum ersten Mal alleine mit dem Zug nach Berlin – und wird
> prompt beklaut. Zu allem Übel schmeißt ihn dann noch der Schaffner raus, mitten
> im Nirgendwo. Aber so lernt Finn Jola kennen. Die hat immer einen flotten Spruch
> drauf und weiß, wie man auf eigene Faust in die „Tzitti" kommt. […]*

c Welches Buch würdest du am liebsten lesen?
Kreuze an.

☐ A   ☐ B   ☐ C

d Was denkst du, wie ist das Buch?
Markiere die passenden Begriffe.

> spannend / lustig / interessant / gruselig / geheimnisvoll / traurig

e Was gefällt dir bei dem Buch am besten?
Kreuze an.

☐ der Buchtitel
☐ das Cover (der Einband)
☐ der Klappentext

Textstellen zum Vorlesen auswählen

1 Für eine **Buchvorstellung** wählt man
eine **spannende Textstelle** aus.
Yasin möchte das Buch von Kirsten Boie vorstellen:
Thabo – Detektiv & Gentleman: Der Nashorn-Fall.

a Sieh dir das Cover an.

b Lies die Textstelle mindestens zweimal laut.
Lautes Lesen ist eine gute Möglichkeit,
deine Lesefähigkeiten zu üben.

5. Kapitel (Auszug)

1 […] „Pssst!", hat Onkel Vusi gezischt. „Sie haben Glück.

2 Zum Abschluss kann ich Ihnen wahrscheinlich noch

3 eine Gruppe Nashörner zeigen. Darum seien Sie jetzt

4 bitte besonders leise; Nashörner sind fast blind,

5 aber dafür hören sie sehr gut. Und wenn sie etwas beunruhigt,

6 dann können sie sehr unfreundlich werden."

7 „Greifen sie an?", hat die junge Verliebte erschrocken gefragt […].

8 „Auch Autos? Würden die unser Auto angreifen?" […]

9 „Was glauben Sie, woher die Beulen in der Motorhaube stammen?"

10 „Hat die ein Nashorn …?", hat die Verliebte gefragt. […]

11 Aber da hat Onkel Vusi schon geflüstert: „Rechts am Wegrand […]!

12 Ein Nashornbaby ganz allein!" […]

13 Schon in diesem Augenblick hatte ich ein schlechtes Gefühl.

14 Das sollte es einfach nicht geben: ein Nashornkalb ganz allein

15 auf der Straße. Ein Nashornkalb, das sich nicht regte und rührte.

16 Nur sein Schwanz hat ein bisschen hin und her gependelt.

17 Ich habe schnell auf die andere Seite geguckt.

18 Vielleicht graste seine Mutter dort? Und wir wollten gleich

19 zwischen den beiden durchfahren. Das würde der Nashornkuh

20 nicht gefallen. Unser Wagen hatte nicht nur Beulen in

21 der Motorhaube, sondern auch in den Seitenblechen. […]

22 „Oh mein Gott!", hat der alte Mann geflüstert. Die alte Frau

23 hat jetzt laut gestöhnt. Sie wurde beinahe ohnmächtig. […]

24 Wir mussten keine Angst vor der Nashornmutter haben.

25 Sie lag direkt vor ihrem Kind reglos im Elefantengras. Sie sah aus

26 wie ein riesiger grauer Berg und hatte eine Blutlache um ihren Kopf.

27 Dort wo ihre Hörner sein sollten, waren nur noch zwei riesige Wunden zu sehen.

28 Und die Wunden waren voller Fliegen.

29 Da musste man gar nicht genauer hinsehen. Irgendwer hatte ihr die Hörner

30 abgesägt. Und darum war sie verblutet.*

Buchvorstellungen vorbereiten

1 Yasin hat erste Informationen zu dem Buch **Thabo – Detektiv & Gentleman** herausgesucht.

a Lies die drei Karteikarten.

b Schreibe die passenden Überschriften dazu.

> Meine eigene Meinung / Der Inhalt / Allgemeine Informationen

① _____

Titel: Thabo – Detektiv & Gentleman
Art des Buches: Detektivroman
Autorin: Kirsten Boie
Verlag: Oetinger

② _____

- Thabo Sonnyboy Shongwe
- will Gentleman oder Privatdetektiv werden
- möchte den Nashorn-Fall klären

③ _____

- lustig und spannend
- man kann sich in die Hauptfigur gut hineinversetzen

2 Eine **Einleitung** soll **Interesse wecken**. Lies Yasins Einleitung.

Ich möchte euch heute gern das Buch „Thabo – Detektiv & Gentleman: Der Nashorn-Fall" von Kirsten Boie vorstellen. In diesem Roman geht es um den afrikanischen Jungen Thabo. Gemeinsam mit seinen Freunden sucht Thabo einen Wilderer, der ein Nashorn getötet hat.

3 Auch ein **guter Schluss** ist bei einer Buchvorstellung wichtig.

a Lies Yasins Schluss.

b **Warum** hat ihm das Buch so **gut gefallen**? Markiere die Textstellen.

Mir hat das Buch sehr gut gefallen. Ich hatte es ganz schnell durchgelesen, denn die Autorin schreibt wirklich spannend und auch lustig. Ihr solltet euch das Buch „Der Nashorn-Fall" im Buchladen unbedingt mal ansehen! Vielleicht gefällt es euch ja auch.

c Würdest du das Buch gerne lesen? Kreuze an.

☐ Ja   ☐ Nein

Wortarten und Wortformen

Nomen/Substantive

Nominalisierte/Substantivierte Verben und Adjektive

> **Verben** und **Adjektive** können zu **Nomen/Substantiven** werden. Sie werden dann **nominalisierte Verben** und **Adjektive** genannt. Sie werden **großgeschrieben**. Beispiele: beim Schwimmen, das Blau

1 Erkenne Verben und substantivierte Verben.

a Lies die Sätze.

b Markiere die **Verben** im Text mit einer Farbe und die **substantivierten Verben** mit einer anderen Farbe.

   1 Jedes Jahr gibt es im Juli ein Schwimmfest.

   2 Die Schülerinnen und Schüler fahren mit der Bahn zum Schwimmbad.

   3 Das Mitnehmen von Bällen und Spielen ist erlaubt.

   4 Auf das Planschen in den kleinen Becken freuen sich die Kinder.

c Verwende die Wörter in Klammern entsprechend der Regel. Schreibe sie auf.

Das _____ (tauchen/Tauchen) erfordert Mut.

Einige Kinder _____ (schlecken/Schlecken) Eis am Kiosk.

Das _____ (rennen/Rennen) um das Schwimmbecken ist nicht erlaubt.

Einige _____ (laufen/Laufen) zu den Tischtennisplatten.

2 Trage ein **Adjektiv** oder ein **substantiviertes Adjektiv** vom Rand ein.

> beste / Beste
> neueste / Neueste

Die _____ Schwimmerin wird belohnt.

Das _____ daran ist die Prämie.

Das _____ können wir in den Medien erfahren.

Die _____ Nachricht wird gesendet.

Pronomen als Stellvertreter und Begleiter von Nomen/Substantiven

> **Personalpronomen** stehen **stellvertretend** für Nomen/Substantive.
> **Possessivpronomen begleiten** Nomen/Substantive.

Singular (Einzahl)		Plural (Mehrzahl)	
Personal-pronomen	**Possessiv-pronomen**	**Personal-pronomen**	**Possessiv-pronomen**
ich	mein, meine, mein	wir	unser, unsere, unser
du	dein, deine, dein	ihr	euer, eure, euer
er/es	sein, seine, sein	sie	ihr, ihre, ihr
sie	ihr, ihre, ihr		

1 Ersetze die **fett gedruckten** Nomen/Substantive durch Personalpronomen.

Die Lehrer haben einige Spiele vorbereitet. _____ legen die Standorte fest.

Robert aus Klasse 8 kommt später. Dafür bringt _____ noch Wasserbälle mit.

Das Wasser ist kalt an diesem Tag. _____ beträgt nur 19 Grad.

2 Ergänze die Sätze mit den Pronomen am Rand.

Sie hat _____ Buch vergessen.

Wir prüfen _____ Aufgaben.

Der Baum hat _____ Blätter verloren.

Wir suchen _____ Platz.

Die Trainerin zeigt _____ Übung.

Er fragt _____ Lehrer.

Die Fahrerin holt _____ Gast ab.

Ich umarme _____ Vater.

Er putzt _____ Auto.

seine
ihr
unsere
meinen
ihren
sein
unseren
ihre
seinen

> **Relativpronomen** leiten einen Nebensatz (Relativsatz) ein und beziehen diesen in der Regel auf ein vorausgegangenes Nomen/Substantiv.
> **Relativpronomen:** der, die, das, die
> Beispiel: ein Paket, <mark>das</mark> in deinem Zimmer liegt
> Kim ist ein Schwimmer, <mark>der</mark> gut springen kann.

3 Schreibe das passende Relativpronomen in die Lücke.

1 ein Sprung, _____ Spaß macht

2 viele Sprünge, _____ Spaß machen

4 Bilde Sätze mit Relativpronomen.

a Verbinde die Satzteile.

b Markiere jeweils das <mark>Relativpronomen</mark> im Relativsatz farbig.

Hauptsatz		Relativsatz
1 Wasserspringen ist eine **Sportart**,		die ein Schwimmabzeichen erhalten wollen.
2 Es ist auch ein beliebter **Freizeitsport**,		die eine lange Tradition hat.
3 Sprünge ins Wasser sind wichtig für **Kinder**,		der in vielen Schwimmbädern ausgeübt wird.

5 Ergänze die Relativpronomen.

a Lies die Wortgruppen.

b Schreibe jeweils das fehlende Relativpronomen in die Lücke.

viele Sportlerinnen und Sportler, _____ gekommen sind

der Trainer, _____ anspornt

die Teilnehmerin, _____ mit dem Wettkampf beginnt

die Zuschauerinnen und Zuschauer, _____ begeistert sind

6 Ergänze die Relativsätze mit dem passenden Relativpronomen.

An der Tür steht das Kind, _____.

In der Kiste liegt der Ball, _____.

Verben

Finite und infinite Verbformen

Die **finite** (gebeugte) **Verbform** wird bei der Bildung **einfacher Zeitformen** benötigt.
Beispiel: Du fährst Fahrrad. **Präsens** (Gegenwart)

Infinite (ungebeugte) **Verbformen** sind:
• der **Infinitiv** (Grundform), Beispiele: starten, laufen, sagen, finden,
• das **Partizip II**, Beispiele: gestartet, gelaufen, gesagt, gefunden.
Sie werden bei der Bildung **zusammengesetzter Zeitformen** benötigt.
Beispiele: Er wird gleich starten. **Futur** (Zukunft)
Er hat sein Hobby gefunden. **Perfekt** (zweite Vergangenheit)

1 Erkenne verschiedene Verbformen.

 a Lies den Text.

b Was unterscheidet die markierten Verbformen
in den Sätzen 1 bis 3 von denen in den Sätzen 4 bis 6?
Sprecht darüber.

Tipp
Handelt es sich um
eine einfache oder
zusammengesetzte
Zeitform?

1 Ich lese in der Zeitung von der Radsportart „Cyclocross".

2 Leider weiß ich nichts darüber.

3 Mein großer Bruder erklärt es mir.

4 Er hat es von seinem Freund Yem gehört.

5 Yem hat es mal ausprobiert.

6 Er ist mit dem Rad quer über Wiesen und
durch Wälder gefahren.

2 Ergänze die zusammengesetzte Verbform im **Perfekt** mit dem Hilfsverb **haben**.
Schreibe auf.

1 lesen: *ich habe gelesen* _____   wir _____ ge_____

2 waschen: ich _____ _____   wir _____ _____

3 Ergänze die zusammengesetzte Verbform im **Futur** mit dem Hilfsverb **werden**.
Schreibe auf.

3 warten: *ich werde warten* _____   wir _____ _____

4 sprechen: ich _____ _____   wir _____ _____

Zeitformen (Tempusformen) der Verben

Man unterscheidet einfache und zusammengesetzte Zeitformen.
Die **einfachen Zeitformen** Präsens und Präteritum bestehen aus
der **finiten** (gebeugten) Verbform.
Sie beginnt mit dem Boxen. **Präsens** (Gegenwart)
Er trainierte Karate. **Präteritum** (Vergangenheit)

Die **zusammengesetzten Zeitformen** Perfekt, Plusquamperfekt und Futur bestehen
aus der **finiten** (gebeugten) Verbform und einer **infiniten** (ungebeugten) **Verbform**.
Er hat nach dem Judo gewartet. **Perfekt** (zweite Vergangenheit)
Er hatte nach dem Judo gewartet. **Plusquamperfekt** (Vorvergangenheit)
Er wird nach dem Judo warten. **Futur** (Zukunft)

1 Erkenne einfache und zusammengesetzte Zeitformen.

a Lies die Sätze.

b Schreibe die Sätze in dein Heft.
Schreibe daneben, ob es eine **einfache** oder eine **zusammengesetzte Zeitform** ist.

1 Sie wird es probieren. / **2** Er isst fast alles. / **3** Wir hatten das vergessen. /
4 Er lachte laut. / **5** Sie startet früh. / **6** Sie hat den Sprung gezeigt. /
7 Du hast gewonnen. / **8** Sie waren schnell weggerannt.

1 Sie wird es probieren. (zusammengesetzte Zeitform)

2 Erkenne die Zeitform.

a Lies die Sätze.

b Schreibe die Sätze dein Heft.
Schreibe **einfache** oder **zusammengesetzte Zeitform** und
die **genaue Zeitform** daneben.

1 Er lachte über den Witz. / **2** Sie starten zu ihrem Ausflug. /
3 Du hast den Wettkampf gewonnen. / **4** Wir hatten den Geburtstag vergessen. /
5 Ihr werdet euch verspäten. / **6** Ich war losgerannt.

1 Er lachte über den Witz. (einfache Zeitform, Präteritum)

3 Welche Zeitform ist das? Schreibe die Zeitform zu jedem Satz auf.

1 Im Zentrum der Stadt entsteht eine neue Kampfsportschule. (_____)

2 Es haben sich viele Jugendliche angemeldet. (_____)

3 Wir werden uns das Training anschauen.(_____)

Aktiv- und Passivformen der Verben

Die **Aktivform** wird verwendet, wenn deutlich werden soll, wer handelt.
Beispiel: Die Lehrerin lobt den Schüler.
Die **Passivform** wird verwendet, wenn es unwichtig oder unbekannt ist,
wer handelt.
Beispiel: Der Schüler wird gelobt.

1 Erkenne die Aktivformen und Passivformen.

a Lies den Text.

b Markiere die Aktivformen der Verben mit einer Farbe.

c Markiere die Passivformen mit einer anderen Farbe.

1 Beim Einkaufen im Supermarkt beobachten Katja und Sören eine Frau im Rollstuhl.

2 Sie fährt unsicher durch die zugestellten Gänge.

3 Kisten und Einkaufswagen werden nicht aus dem Weg geräumt.

4 An der Kasse vermisst die Frau ihre Geldbörse.

5 Katja und Sören helfen ihr, die Waren auf das Band zu legen.

6 Dabei wird die Geldbörse entdeckt.

7 Katja, Sören und die Frau im Rollstuhl sind erleichtert.

2 Bilde die **Passivformen** der Verben in den Klammern.
Setze sie in die Lücken ein.

1 Die Geldbörse _____ im Einkaufskorb _____. (finden)

2 Der Frau _____ beim Einpacken _____. (helfen)

3 Ergänze die Tabelle.

Aktivformen der Verben	Passivformen der Verben
Der Vater kocht.	Es _____.
Viele Menschen warten.	Es _____.
Die Schulklasse surft.	Es _____.

Adjektive

> **Adjektive beschreiben** Eigenschaften und Merkmale von **Lebewesen**, **Tätigkeiten** und **Vorgängen** genauer.
> Beispiele: Die **große** Frau steht an der Tür.
> Der Ball fliegt **schnell**.

1 Erkenne die Adjektive.

a Lies den Text.

b Markiere die Adjektive im Text.

Schwimmwettkampf im Freibad

1 Die Schülerinnen und Schüler der 5. und 6. Klassen haben einen spannenden Wettkampf vor sich.

2 Sie warten aufgeregt auf den Wettkampfbeginn.

3 Wer wird die schnellste Schwimmerin und der schnellste Schwimmer?

4 Einige laufen nervös am Beckenrand auf und ab.

c Steigere die markierten Adjektive von Aufgabe 1 b.
Schreibe die **Grundstufe**, die **Mehrstufe** und die **Meiststufe** in dein Heft.

spannend, spannender, am spannendsten

2 Ergänze die passenden Adjektive. Wähle aus.

1 Die Siegerin reißt _____ die Arme in die Höhe.
(freudig / ängstlich)

2 Bei der Siegerehrung werden besonders _____ Medaillen und Preise vergeben.
(ruhig / wertvoll)

3 Welche Adjektive reimen sich? Schreibe sie auf.

fein – _____

toll – _____

zahm – _____

schnell – _____

lahm
voll
klein
hell

Adverbien

> **Adverbien** geben an, **wann**, **wo**, **wie** und **warum etwas geschieht**.
> Meist bestimmen sie ein Verb näher.
> Beispiele: niemals, dort, manchmal

1 Ordne die folgenden Adverbien den Fragewörtern zu.
Schreibe sie auf die Linien.

> niemals / dort / hinten / überall / deshalb / manchmal / unten /
> abends / gern / links / vergnügt

Wann? (Zeit): *niemals* _____

Wie? (Art und Weise): _____

Wo? (Ort): _____

Warum? (Grund): _____

2 Was bestimmen die **fett gedruckten** Adverbien näher? Frage danach.
Schreibe auf die Zeilen (Zeit, Art und Weise, Ort oder Grund).

1 Die Zuschauer warten **gespannt** auf den Beginn des Spiels. _____

2 Das Spiel beginnt **später**. _____

3 Die Sportler sind **hinten** in der Umkleidekabine. _____

4 Ein Sportler hat sich verletzt, **deshalb** beginnt das Spiel später. _____

3 Untersuche die folgenden Adverbien.

a Was fällt euch auf? Sprecht mit einer Partnerin oder einem Partner.

> abends / **m**ittags / **m**orgens / **s**onntags / **v**ormittags / **f**reitags

b Schreibe die Adverbien mit dem jeweils dazugehörenden Nomen/Substantiv auf.

abends – der Abend, _____

_____

_____

Numeralien

> **Numeralien** sind **Zahlwörter**, die eine Menge oder eine Anzahl angeben.
> Wir unterscheiden zwei Arten:
> **bestimmte Numeralien**, Beispiele: zwei, hundert, erster,
> **unbestimmte Numeralien**, Beispiele: viele, mehrere, alle.

1 Erkenne die Numeralien (Zahlwörter).

a Lies die Sätze.

b Markiere die Numeralien (Zahlwörter) im Text.

1 Aus Afghanistan ist die erste Frauenfußball-Mannschaft nach Deutschland gereist.

2 Sie trainiert für zwei Wochen im Trainingslager.

3 Viele Leute in Afghanistan meinen, dass Mädchen und Frauen nicht Fußball spielen sollten.

4 Die afghanische Mannschaft hat schon an mehreren Meisterschaften teilgenommen.

2 Ordne die folgenden Numeralien (Zahlwörter) in die Wortgruppen ein.

zehn / Hunderte / zwei / einige / viele / Tausende / alle / ein

_____ Zuschauer im Stadion / _____ Schiedsrichter

_____ Spielerinnen pro Mannschaft

für _____ Menschen ein interessantes Spiel

_____ Fußballinteressierte am Fernseher

_____ Torwarte / _____ Minuten bis zum Spielende.

> **Tipp**
> Es gibt manchmal mehrere Möglichkeiten.

3 Unterscheide zwischen bestimmten Numeralien und unbestimmten Numeralien.

a Übertrage die Tabelle in dein Heft.
Trage die Numeralien (Zahlwörter) von Aufgabe 2 ein.

b Schreibe noch zwei Numeralien (Zahlwörter) pro Spalte dazu.

bestimmte Numeralien	unbestimmte Numeralien
...	...

Konjunktionen

Konjunktionen (Bindewörter) verbinden Einzelwörter, Wortgruppen und Teilsätze miteinander.
Einzelwörter: groß **oder** klein
Wortgruppen: eine kleine Birne, **aber** ein großer Apfel
Teilsätze: Er lief die 100 Meter **und** gewann zum zweiten Mal.

1 Erkenne die Konjunktion (das Bindewort) **und**.

a Verbinde die vier Satzteile sinnvoll zu zwei Sätzen.

b Schreibe die Sätze in dein Heft. Denke an die Satzschlusszeichen.

c Markiere die Konjunktionen (Bindewörter).

| Mark ist sofort losgerannt | | und verpasst den Start |

| | und gewinnt den Lauf | | Jan passt nicht auf |

2 Verwende die Konjunktion (das Bindewort) **aber**.

a Setze die Konjunktion ein.

b Beende die Sätze. Beachte das Komma.

1 Jan ärgert sich über den verpassten Start,

aber er gratuliert Mark zum Sieg.

Carlos lässt
ihn fallen

sie stürzt
beim Absprung

~~er gratuliert~~
~~Mark zum Sieg~~

2 Die Staffelläufer müssen bei der Übergabe des Stabes aufpassen,

_____

3 Beim Weitsprung rennt Sabrina schnell los, _____

_____

3 Verwende die Konjunktionen (Bindewörter) **weil**, **obwohl**, **aber** und **wenn**.

a Lies die Sätze.

b Markiere die Konjunktionen (Bindewörter).

1 Juri ist an erster Stelle, weil er den weitesten Wurf geschafft hat.
2 Samy könnte Juris Sieg noch gefährden, obwohl er kleiner ist.
3 Alle schauen gespannt zu, aber Samy wirft nur 33 Meter.

c Ergänze einen passenden Satz mit Konjunktion (Bindewort). Schreibe in dein Heft.

> Die Schreibung der **Konjunktion** (des Bindewortes) **dass** muss man sich besonders einprägen. Sie wird oft mit dem **Relativpronomen das** verwechselt.
> Beispiele:
> Das Ruderboot, **das** Fine und Yin fahren, ist 10 Meter lang. (Relativpronomen)
> Fine und Yin wissen, **dass** sie immer gleichmäßig rudern müssen. (Konjunktion)

4 Verwende die Konjunktion (das Bindewort) **dass**.

 a Bildet Sätze mit der Konjunktion **dass**. Nutzt dazu die folgenden Satzanfänge.

Ich habe gehört, **dass** …	Ich habe gelesen, **dass** …

Ich habe vergessen, **dass** …	Ich habe nicht gewusst, **dass** …

1 Badminton spielt man am besten in einer Halle.

2 Badminton ist seit 1992 eine olympische Disziplin.

3 Das Spiel mit dem Federball hat viele Anhänger in Deutschland.

4 Das Netz ist 5 Meter breit und 1,55 Meter hoch.

b Schreibe die Sätze in dein Heft.

1 Ich habe gehört, dass man Badminton am besten in einer Halle spielt.

 5 Verwendet die Sätze aus Aufgabe 4 als Relativsätze mit **das**.

1 Federball ist ein Spiel, das man besten in der Halle spielt.

2 Ich liebe das Spiel, **das** _____.

3 Das Spiel mit dem Federball, **das** _____.

4 Das Spielfeld unterteilt ein Netz, **das** _____

_____.

Satzbau und Zeichensetzung

Bau des einfachen Satzes

1 Wiederholt, was ihr über Sätze wisst.

a Lest die folgenden Aussagen.

b Schreibt die **fehlenden Begriffe** vom Rand
in die Lücken.

> Punkt
> Frage
> Fragezeichen
> Prädikat
> Anfangsbuchstaben
> Subjekt
> Ausrufezeichen

1 Ein Satz drückt eine Aussage, eine Aufforderung /

einen Ausruf oder eine _____ aus.

2 Schriftlich sieht man die Aussageabsicht und die Satzart
an dem Satzschlusszeichen.
Zu den Satzschlusszeichen gehören _____,

_____, _____.

3 Ein Satz beginnt mit einem großen _____.

4 Die Wörter und Wortgruppen eines Satzes bilden Satzglieder.

Zu den Satzgliedern gehören _____ und _____.

2 Wann ist ein Satz ein Satz?

a Entscheidet, ob die folgenden Beispiele Sätze sind.
Ergänzt die **fehlenden Wörter** oder **Satzschlusszeichen**.

1 In Asien, Afrika und Amerika _____ Millionen Einwohner
in Riesenstädten.

2 Warum zieht es Menschen in die Städte _____ (! / ? / .)

3 _____ erhoffen sich in der Stadt bessere Chancen zum Leben
und Arbeiten.

b Hier sind die Bestandteile des Satzes durcheinandergeraten.
Bilde einen Satz. Schreibe den Satz in dein Heft.

| eine Stadtrundfahrt | | mit dem Bus. | | unternahmen |

| am Mittwoch | | Die Schülerinnen und Schüler der Klasse 6 |

Tipp
Achte auf die
Großschreibung
am Satzanfang
und auf das
Satzschlusszeichen.

3 Lies die Informationen über die **finite** (gebeugte) **Verbform** in der Tabelle.

Satzart	finite (gebeugte) Verbform steht an	Beispiel
Aussagesatz mitteilen, informieren	zweiter Satzgliedstelle	Wir **wohnen** dort drüben.
Fragesatz fragen	erster Satzgliedstelle oder zweiter Satzgliedstelle	**Hast** du ein eigenes Zimmer? Wo **wohnst** du?
Aufforderungssatz zum Handeln auffordern	erster Satzgliedstelle	**Zeichne** das Dreieck!

4 Wörter und Wortgruppen können innerhalb eines Satzes ihre Position verändern.

a Lies die Sätze.

b An welcher Stelle steht immer die **finite** (gebeugte) **Verbform**?
Sprich mit einer Partnerin oder einem Partner darüber.

1 | Ich | **finde** | Technik | sehr interessant. |

2 | Technik | **finde** | ich | sehr interessant. |

3 | Sehr interessant | **finde** | ich | Technik. |

5 Stelle den Satz um.
Schreibe die **finite** (gebeugte) **Verbform** in die Kästen.

| Ich | **helfe** | manchmal | meinem großen Bruder | in der Autowerkstatt. |

Meinem großen Bruder ⬚ _____

_____.

In der Autowerkstatt ⬚ _____

_____.

Subjekt und Prädikat

Das **Subjekt** ist ein **Satzglied**, ein Baustein eines Satzes.
Es kann aus mehreren Wörtern bestehen.
Nach dem **Subjekt** fragen wir mit **Wer?** oder **Was?**.
Beispiel:
Die Familie lebt in einem Holzhaus.
Wer lebt in einem Holzhaus?
Das Holzhaus ist sehr gemütlich.
Was ist sehr gemütlich?

1 Ermittle die Subjekte in den folgenden Sätzen.

a Schreibe die Frage nach dem Subjekt unter jeden Satz.

b Markiere das Subjekt in den Sätzen mit einer Farbe.

1 Zoras Familie wohnt in einem kleinen Holzhaus.

Frage: _____

2 Ihre Eltern und Geschwister wohnen dort schon lange.

Frage: _____

3 Zora gehört einem Indianerstamm an.

Frage: _____

Das Satzglied **Prädikat** sagt etwas über das Subjekt aus.
Es kann aus mehreren Teilen bestehen.
Nach dem Prädikat fragen wir mit: **Was wird ausgesagt?**
Beispiel: Unsere Familie lebt in einer großen Stadt.
Was wird über unsere Familie (Subjekt) **ausgesagt?**

2 In den folgenden Sätzen fehlen die Prädikate.
Setze die Verben in den Klammern in Singular (Einzahl) oder Plural (Mehrzahl) ein.
Orientiere dich dabei am fett gedruckten Subjekt.

1 Wir _____ in Lagos, der größten Stadt von Nigeria. (wohnen)

2 Mit meinen Brüdern _____ **ich** mir ein kleines Zimmer. (teilen)

3 An manchen Tagen _____ **der Fahrstuhl** nicht. (funktionieren)

Objekt (Ergänzung)

> Das **Objekt** ist ein **Satzglied**. Satzglieder sind **Bausteine in einem Satz**.
> Das Satzglied Objekt ergänzt das Prädikat.
> Objekte stehen in einem bestimmten Fall.
> Nach dem Objekt fragen wir: **Wem …? Wen …? Was …?**
> Beispiel:
> Malte hilft seinem Vater.   **Dativobjekt**
> **Wem** hilft Malte? Die Ergänzung ist: seinem Vater.
> Er liebt ihn sehr.   **Akkusativobjekt**
> **Wen** liebt er sehr? Die Ergänzung ist: ihn.
> Sie beobachten den Wind.   **Akkusativobjekt**
> **Was** beobachten sie? Die Ergänzung ist: den Wind.

1 Das **Akkusativobjekt** antwortet auf die Fragen: **Wen?** oder **Was?**.

a Erfrage das Akkusativobjekt. Schreibe die Frage auf.

b Markiere das Akkusativobjekt.

1 Die Menschen in Afrika haben manchmal Zelte mit Bastmatten.

Was? _____

2 Die Schäfer in der Türkei verwenden einfache Zelte.

Was? _____

3 Die Fotografin besucht die Familie im Zelt.

Wen? _____

2 Das **Dativobjekt** antwortet auf die Frage: **Wem?**
Ersetze die Fragewörter durch die Wortgruppen in den Klammern.

1 Er verspricht (Wem?) _____ (das – dem Kind) einen Fußball.

2 Sie schenkt (Wem?) _____ (ihr – ihrem Bruder) ein Bild.

3 Ich gebe (Wem?) _____ (mein – meinem Freund) einen Tipp.

3 Markiere das Objekt (die Ergänzung) jeweils in dem rechten Satz.

1 Wen fragt der Kontrolleur?   Der Kontrolleur fragt den Fahrgast.

2 Wem gehören die Taschen?   Die Taschen gehören den Sportlern.

Adverbialbestimmungen (Umstandsbestimmungen) der Zeit

Adverbialbestimmungen (Umstandsbestimmungen) **der Zeit** sagen,
wann etwas geschieht oder jemand etwas tut.
Nach den Adverbialbestimmungen der Zeit fragen wir mit:
Wann? Wie lange? Seit wann? Bis wann? Wie oft?
Beispiel: Das Hoffest findet <u>seit fünf Jahren</u> statt.
Frage: Seit wann findet das Hoffest statt?

1 Erkenne die **Adverbialbestimmungen der Zeit**.

a Lies die Sätze.

b Unterstreiche die **Adverbialbestimmungen der Zeit**.

1 Seit zehn Jahren arbeite ich als Fensterputzer.

2 Ich bin viele Stunden in Hochhäusern unterwegs.

3 Jetzt sitze ich auf dem Sitzbrett vor dem Fenster.

4 Bis morgen muss ein wichtiger Auftrag erledigt sein.

c Schreibe die **Adverbialbestimmungen der Zeit** und
die entsprechenden Fragen in die Tabelle.

Tipp
Nutze den
Merkkasten
über Aufgabe 1.

	Adverbialbestimmungen der Zeit	Fragesätze
1	_____ _____	Seit wann arbeite _____ _____ ?
2	_____ _____	_____ bin ich _____ _____ ?
3	_____ _____	_____ sitze ich _____ _____ ?
4	_____ _____	_____ muss ein _____ _____ ?

Adverbialbestimmungen (Umstandsbestimmungen) des Grundes

Adverbialbestimmungen (Umstandsbestimmungen) **des Grundes** sagen,
warum etwas geschieht oder jemand etwas tut.
Nach den Adverbialbestimmungen des Grundes fragen wir mit:
Warum? Weshalb? Aus welchem Grund?
Beispiele:
<u>Wegen der hohen Miete</u> zogen wir zu den Großeltern.
Weshalb zogen wir zu den Großeltern?
Es ist für uns noch genügend Platz, <u>weil sie ein Haus haben</u>.
Warum ist noch genügend Platz für uns?

1 Erkenne die **Adverbialbestimmungen des Grundes**.

a Lies die Sätze.

b Erfrage mit den Fragewörtern in jedem der Sätze die **Adverbialbestimmungen des Grundes**.
Schreibe die Fragen auf.

c Unterstreiche die **Adverbialbestimmungen des Grundes**.

1 Früher brachten sich Menschen wegen der Bombenangriffe in Sicherheit.

Warum

2 Wegen ihrer dicken Wände schlucken Bunker[1] jeden Klang.

3 Museen im Bunker locken aufgrund ihrer Besonderheit viele Besucher an.

[1] **der Bunker:** im Boden angelegter Schutzraum

2 Ergänze passende **Adverbialbestimmungen des Grundes** in den Sätzen.
Schreibe die vollständigen Sätze in dein Heft.

wegen des schlechten Wetters / weil die Gleise unterspült waren /
wegen der Unwetterwarnungen

1 Der ICE musste umgeleitet werden, …

2 Der Flughafen musste kurzfristig für zwei Stunden geschlossen werden …

3 Den Zelturlaub mussten wir abbrechen …

Kommasetzung bei Aufzählungen

Sätze können **Aufzählungen** enthalten (Wörter und Wortgruppen).
Die Glieder einer Aufzählung werden durch **Kommas** voneinander **getrennt**.
Beispiel: Der Apfel ist reif, süß, knackig.

Das **Komma fällt weg**, wenn sie mit **Konjunktionen** (Bindewörtern) verbunden
sind: und, oder, sowohl … als auch …
Beispiel: Der Apfel ist reif, süß und knackig.

1 Schreibe folgende Sätze ab.
Ersetze die überflüssigen Konjunktionen (Bindewörter) durch ein Komma.

1 Rolltreppen gibt es überall auf Flughäfen **und**
Bahnhöfen **und** U-Bahnhöfen.

2 In Fabriken **oder** Hotels **und** Warenhäusern **sowie**
Krankenhäusern wurden Lastenaufzüge **und**
Personenaufzüge eingebaut.

1 _____
_____
_____

2 _____
_____
_____

2 Komma oder kein Komma?

a Lies die Sätze.

b Gibt es in den Sätzen Aufzählungen, die durch ein Komma
getrennt werden müssen? Setze die Kommas.

Achtung, Fehler!

1 In unserer Schule gibt es Treppen und keine Fahrstühle.

2 In großen Bahnhöfen Flughäfen Warenhäusern und Möbelhäusern
gibt es Treppen und auch Rolltreppen.

3 Zwischen Treppen und Fahrstühlen gibt es Unterschiede.

4 Auf Rolltreppen darf man nicht rennen schubsen und drängeln.

Bau des zusammengesetzten Satzes

Satzgefüge

> Inhaltlich eng zusammengehörende Sätze lassen sich zu einem
> **zusammengesetzten** Satz verbinden.
> Die Teilsätze des zusammengesetzten Satzes verbindet man meist mit einer
> **Konjunktion** (Bindewort): weil, aber, denn, nachdem, dass, wenn, als, seitdem.
> Die Bindestelle wird mit einem **Komma** markiert.

1 Füge jeweils die beiden zusammengehörenden Sätze zu Teilsätzen zusammen.

 **a** Lies die Sätze.

b Bilde jeweils aus den zwei Sätzen **einen Satz**. Schreibe auf.
Verwende die folgenden Konjunktionen (Bindewörter).

> denn / ~~weil~~ / deshalb / also

1 Emily ist eine geübte Reiterin.
Sie ist auf einer Farm aufgewachsen.

2 Sie lebt in Texas.
Dort besitzen ihre Eltern eine große Farm.

3 Die Farm ist riesengroß.
Die langen Strecken legen sie mit dem Auto zurück.

4 Es gibt jede Menge Arbeit.
Alle Familienmitglieder müssen helfen.

1 *Emily ist eine geübte Reiterin,* weil *sie auf*

2

3

4

 c Markiere die Konjunktionen (Bindewörter) in den Sätzen.

Viele **zusammengesetzte Sätze** bestehen aus einem **Hauptsatz**
und einem **Nebensatz**. Diese Sätze sind **Satzgefüge**.
Hauptsätze erkennt man daran, dass die **finite** (gebeugte) **Verbform** an
zweiter Satzgliedstelle steht.
Nebensätze erkennt man an folgenden Merkmalen:
• Am **Anfang** steht meist ein **Einleitewort**.
• Am **Ende** steht die **finite** (gebeugte) **Verbform**.
Beispiel:
Kälber fängt sie mit dem Lasso , weil sie diesen Trick beherrscht.
Hauptsatz (Hs)   , Nebensatz (Ns)
Weil sie diesen Trick beherrscht , fängt sie Kälber mit dem Lasso.
Nebensatz (Ns)   , Hauptsatz (Hs)

2 Untersuche die Satzgefüge.

a Lies die Sätze.

b Schreibe auf, ob die fett gedruckten Teilsätze **Hauptsätze** (Hs) oder
Nebensätze (Ns) sind.

c Schreibe daneben, an welcher Stelle sich die **finite** (gebeugte)
Verbform befindet.

1 In den USA gibt es Wettkämpfe für Kinder und Jugendliche,
weil Rodeo[1] dort ein Volkssport ist.

Hauptsatz – gebeugte Verbform an 2. Stelle

[1] **das Rodeo:**
Sportart mit
Pferden

2 Wenn **Emily zum Wettkampf antritt,** trägt sie Jeans, Hemd, Stiefel
und Hut.

3 Emily weiß, dass **ihre Familie sie bei jedem Wettkampf anfeuert.**

4 Nachdem **sie das Tonnenrennen[2] gewonnen hat,** wartet sie
nun auf die anderen Wettkämpfe.

[2] **das Tonnenrennen:**
Pferd und Reiterin
müssen möglichst
schnell eine Strecke
mit Tonnen schaffen.

5 Emily gilt als Rodeo-Königin, seitdem sie einige Tricks beherrscht.

Zeichensetzung bei der direkten (wörtlichen) Rede

> Die **direkte (wörtliche) Rede** steht in **Anführungszeichen**.
> Zwischen einem einleitenden Begleitsatz und der wörtlichen Rede steht
> ein **Doppelpunkt**.
> Beispiele: <u>Ich frage:</u> „Wie war das Leben in einer Wagenburg?"
> Steht der **Begleitsatz** in der **Mitte** oder **nach der wörtlichen Rede**,
> wird er durch Kommas abgetrennt.
> „Es war viel ungezwungener", <u>erklärt Katia</u>, „als im Wohnviertel."

1 Katia berichtet von ihrem Leben in einer Wagenburg[1].

a Lies das Gespräch.

b Markiere die wörtliche Rede.

1 ==„Ich bin als Sechsjährige mit Vater, Mutter und meinem Bruder in eine Wagenburg in Berlin gezogen"==, erzählt Katia.

2 „Warum haben Ihre Eltern das gemacht?", frage ich.

3 „Sie wollten nach Südeuropa auswandern!", sagt die heute 30-Jährige.

4 „Deshalb haben sie unsere Wohnung aufgelöst und sich einen Bus gekauft", meint Katia.

5 Ich frage sie: „Wo lebt denn Ihr Bruder jetzt?".

[1] **die Wagenburg:** Siedlung von Wohnwagen, Menschen leben dort und nicht in Wohnungen

c Kennzeichne die wörtliche Rede in den Sätzen.
Setze **Anführungszeichen**, **Doppelpunkte** und **Kommas**.

Achtung, Fehler!

6 <u>Katia antwortet</u>   Mein Bruder und meine Mutter wohnen noch immer dort.

7 Warum sind Sie später in eine Wohnung gezogen?   <u>interessiere ich mich.</u>

8 Irgendwann   <u>erklärt sie</u>   wollte ich für mich auch mal allein sein.

2 Stellt euch vor, ihr könntet von Katia auch etwas über das Leben in einer Wagenburg erfahren.
Schreibe zwei Fragen mit Begleitsätzen auf.

_____

_____

Wortbildung

Wortschatzerweiterung

Zusammensetzungen

> **Zusammensetzungen** können aus **mehreren Wörtern** bestehen.
> Das erste Wort heißt **Bestimmungswort**, da es das nachfolgende **Grundwort** näher bestimmt.
>
> | Bestimmungswort | + Grundwort | → zusammengesetztes Wort |
> | --- | --- | --- |
> | die Polizei | der Chef | der Polizeichef |
> | der Blitz | schnell | blitzschnell |
> | unter | tauchen | untertauchen |

1 Bilde **Zusammensetzungen** und schreibe sie auf.

Tipp
Orientiere dich an der Tabelle im Merkkasten.

1 zehn + der Kampf   *der Zehnkampf*

2 die Klasse + das Foto   *das*

3 ab + schreiben

4 neu + der Bau

> Manchmal muss eins der **Fugenelemente** -(e)s-, -(e)n-, -er die beiden Wörter verbinden.
> Beispiel: die Tasche **+** der Dieb → der Taschendieb

2 Welche Wörter sind gemeint?

a Ergänze die Wörter.

b Markiere die **Fugenelemente** in den Zusammensetzungen.

1 Der Tag, an dem man die eigene Geburt feiert, ist _____.

2 Der Einbruch in eine Wohnung ist _____.

3 Das Zimmer, in dem man wartet, ist _____.

3 Zerlege die Zusammensetzungen in ihre Bestandteile.
Schreibe sie dann in der richtigen Groß- und Kleinschreibung in dein Heft.

BLUTARM / PFLAUMENBLAU / URLAUBSFOTO / FEDERLEICHT

das Blut + arm,

Ableitungen

> **Ableitungen** entstehen vor allem durch Anfügen von **Präfixen** (Vorsilben) und **Suffixen** (Nachsilben) an einen Wortstamm.
>
> **Präfixe** (Vorsilben) von **Verben** sind: be-, er-, ent-, miss-, ver-, zer-.
> Beispiel: be-, mit- **+** spielen → bespielen, mitspielen

1 Bilde **abgeleitete Verben**.

a Schreibe sie auf.

1 be-, er-, ver-, zer- **+** legen

2 be-, ent-, er-, ver-, **+** stehen

3 be-, ent-, er-, ver- **+** stellen

4 be-, ver- **+** packen

b Schreibe vier Sätze mit Ableitungen aus Aufgabe 1 a in dein Heft.

> **Suffixe** (Nachsilben) von **Substantiven/Nomen** sind:
> -ung, -heit, -keit, -schaft, -nis, -tum, -er.
> Beispiel: spielen + - er → der Spieler

2 Bilde abgeleitete **Substantive/Nomen**.
Schreibe sie mit Artikel in dein Heft.

-heit: frech / frei / neu / krank / gesund / gemein

-keit: eitel / herrlich / ängstlich / ähnlich / heiter

-nis: hindern[1] / erleben[2] / ergeben[2] / ärgern[1]

die Frechheit, ...

[1] n fällt weg
[2] en fällt weg

Wortfamilien

Wörter mit einem **gemeinsamen Wortstamm** sind miteinander verwandt
und bilden eine **Wortfamilie**.
Wortfamilien bestehen aus **abgeleiteten** und **zusammengesetzten** Wörtern.
Wortfamilie: gehen
Ableitungen: begehen, vergehen
Zusammensetzungen: der Abgang, der Vorgang, der Notausgang,
ausgehen, eingehen, der Übergang, vorgehen, zurückgehen

1 Wörter mit einem gemeinsamen Wortstamm sind miteinander verwandt.

a Markiere den gemeinsamen Wortstamm.

wachsen:

das Gewächs / heranwachsen / der Nachwuchs / die Erwachsenen /
das Wachstum / das Gewächshaus / nachwachsen

b Verwende die Wörter in Sätzen.
Schreibe mindestens fünf Sätze in dein Heft.

Das Gewächs braucht viel Sonne.

2 Die Wortfamilie -binden- ist groß.

a Bilde mit folgenden Wortbauteilen verwandte Wörter.
Schreibe sie auf.

an / ab / ein / zusammen /
ver- / ent- /
-ung

anbinden,

 b Bildet fünf Wortgruppen mit Wörtern aus Aufgabe a.
Schreibt sie auf.

den Luftballon anbinden,

Wortbedeutung

Mehrdeutige Wörter

> Viele Wörter haben nicht nur eine Bedeutung, sondern mehrere.
> Man nennt sie **mehrdeutige Wörter**.
> Welche der Bedeutungen gemeint ist, wird erst aus dem Zusammenhang klar.
> Beispiel: kleine, graue Nagetiere – umgangssprachlich für Geld → die Mäuse

1 Welche Wörter werden hier umschrieben?
Ordnet die folgenden Wörter den Beschreibungen zu.
Prägt euch die Bedeutungen ein.

~~die Bank~~ / der Schimmel / der Ball / die Wurzel / das Ass

1 ein Sitzmöbel – ein Geldinstitut → _die Bank_ _____

2 eine Tanzveranstaltung – ein Sportgerät → _____

3 ein Teil der Pflanze im Boden – ein Teil des Zahnes → _____

4 eine Spielkarte – ein Genie → _____

5 ein weißes Pferd – der Fäulnisbelag auf Speisen → _____

2 Jeweils ein Adjektiv muss in beide Sätze passen.
Setze richtig ein.

süß
sauer
schwer

1 Die traurige Nachricht liegt mir _____ im Magen.

Sie hob das _____ Paket auf das Fahrrad.

2 Die Milch ist _____ geworden.

Sei doch nicht _____ wegen der Absage!

3 Lea isst gern _____ Sachen.

Ist der kleine Hund nicht _____?

Redewendungen, Sprichwörter und feste Vergleiche

> **Redewendungen** (Wortgruppen) sind **feste sprachliche Wendungen**,
> mit denen sich etwas besonders anschaulich und einprägsam ausdrücken lässt.
> Beispiel: auf die Nase fallen – scheitern, etwas klappt nicht
> sich den Kopf zerbrechen – sehr angestrengt nachdenken

1 Viele Redewendungen im Deutschen beziehen sich auf ein Körperteil.

a Sieh dir die Bilder an.

b Schreibe die passende Redewendung unter das jeweilige Bild.

jemandem auf der Nase herumtanzen / Tomaten auf den Augen haben /
jemandem den Kopf waschen

c Was bedeuten die Redewendungen? Sprecht darüber.

etwas Wichtiges nicht sehen / jemandem die Meinung sagen /
mit jemandem machen, was man will

2 Kennst du folgende Redewendungen?
Verbinde die Redewendungen 1 bis 6 mit den Erläuterungen A bis F.

1 jemandem im Nacken sitzen	**A** wachsam sein
2 mit einem blauen Auge davonkommen	**B** jemanden bedrängen
3 sich die Beine in den Bauch stehen	**C** jetzt Angst vor den Konsequenzen haben
4 kalte Füße bekommen	**D** sich einmischen in Sachen, die einen nichts angehen
5 die Ohren spitzen	**E** lange warten müssen
6 seine Nase in fremde Angelegenheiten stecken	**F** gerade noch ohne größeren Schaden davonkommen

Sprichwörter geben Erfahrungen, Beobachtungen und Einsichten anschaulich wieder.
Beispiel: Es ist noch kein Meister vom Himmel gefallen.

3 Lernt Sprichwörter kennen.

a Lies die Sprichwörter.

b Welche Bedeutung könnten sie haben?
Sprecht darüber mit einer Partnerin oder einem Partner.

1 Wer anderen eine Grube gräbt, fällt selbst hinein.

2 Wer die Wahl hat, hat die Qual.

3 Wenn zwei sich streiten, freut sich der Dritte.

4 Erst die Arbeit, dann das Vergnügen.

c Wählt die Erklärung zu jedem Sprichwort aus und ordnet sie zu.

A Man soll keinem anderen etwas Schlechtes wünschen.

B ausruhen erst nach getaner Arbeit

C Zu viele Angebote erschweren die Auswahl.

D wenn jemand aus dem Streit anderer einen Nutzen zieht

1 – _____ , _____ , _____ , _____

Feste Vergleiche sind Wortgruppen mit einem Vergleich.
Beispiel: kämpfen <u>wie</u> ein Löwe, hart <u>wie</u> eine Nuss

4 Wie sind diese Tiere oder wie verhalten sie sich?
Wähle das passende Adjektiv oder Verb aus.
Ergänze die Vergleiche.

1 _____ wie eine siebenköpfige Raupe (**gefräßig** oder **durstig**)

2 _____ wie ein Fuchs (**schlau** oder **klug**)

3 _____ wie ein Bär (**kräftig** oder **stark**)

4 _____ wie ein Rabe (**tschilpen** oder **krächzen**)

5 _____ wie die Katze um den heißen Brei (**schleichen** oder **springen**)

1 Untersuche die Satzgefüge.

a Lies die Sätze 1 bis 3.

b Schreibe auf, ob die fett gedruckten Teilsätze **Hauptsätze** (Hs) oder **Nebensätze** (Ns) sind.

c Schreibe daneben, an welcher Stelle sich die **finite** (gebeugte) **Verbform** befindet.

1 **Es sind Sommerferien,** als der elfjährige Victor seinen ersten Ferienjob antritt.

2 **Er hat seinem Freund versprochen,** dass er das Zeitungsaustragen für ihn übernimmt.

3 **Victor hat Probleme,** weil er stottert.

2 Setze die Kommas und untersuche die Satzgefüge.

a Lies die Sätze 4 bis 7.

b Setze die fehlenden **Kommas**.

c Wie ist der Satz aufgebaut? **Hauptsatz** und **Nebensatz**?
Oder **Nebensatz** und **Hauptsatz**? Schreibe auf.

Achtung, Fehler!

4 Victor mag seinen Job weil er dabei Geld verdient.

5 Er fürchtet den Freitag weil er dann kassieren und mit den Kunden sprechen muss.

6 Wenn er stottert dann lachen ihn Kinder und Erwachsene oft aus.

7 Victor ist glücklich als er eine freundliche Frau trifft.

🖉 ③ Ermittle alle **Nomen/Substantive**.
Schreibe die folgenden Sätze in korrekter Groß- und Kleinschreibung auf.

1 VICTOR TRÄGT ZEITUNGEN IN DER NACHBARSCHAFT AUS.

_____

2 DANN MUSS ER AUCH MIT DEN KUNDEN SPRECHEN.

_____

3 ABER SEIN PROBLEM IST, DASS ER STOTTERT.

_____

🖉 ④ **Ableitung** oder **Zusammensetzung**?
Ordne folgende Wörter nach ihrer Wortbildung
in die Tabelle ein.

der Sprachfehler / die Klangfarbe / versprechen /
die Stimmung / die Heiserkeit / einstimmen /
das Sprachtraining / flüssig

Ableitung	Zusammensetzung
_____	_____
_____	_____
_____	_____
_____	_____

Tipp
Ableitungen
entstehen vor allem
durch Anfügen von
Präfixen (Vorsilben)
und **Suffixen**
(Nachsilben)
an einen Wortstamm.

Zusammensetzungen
können aus **mehreren
Wörtern** bestehen.

🖉 ⑤ Ordne die folgenden **Vergleiche** den Adjektiven zu.
Schreibe sie auf.

wie ein Bär / wie ein Fuchs / wie der Blitz / wie eine Biene

1 schnell _____

2 schlau _____

3 stark _____

4 fleißig _____

Schnell und flüssig schreiben

1 Lies den Text.

    1 Wir besuchten / in den Ferien / die Oberlausitz. /

    2 Das Gebiet / liegt im Osten / von Deutschland. /

    3 Die Nachbarländer sind / Polen und Tschechien. /

    4 Dort wollten wir uns / die vielen Umgebindehäuser / anschauen. /

    5 Diese Häuser / sind sehr besonders / in Europa. /

2 Lies den Text mehrmals.
- Achte auf die mit Schrägstrich (/) gekennzeichneten Wortgruppen.
- Präge sie dir ein.

3 Schreibe den Text nun Wortgruppe für Wortgruppe ab.
Achtung: Die Schrägstriche brauchst du nicht abschreiben.

4 Hast du alles richtig geschrieben?

a Lies deinen Text.
Vergleiche deinen Text mit dem Text von Aufgabe 1.

b Korrigiere die Fehler.
Schreibe die Wörter auf.

Häufig vorkommende Wortstämme richtig schreiben

Wörter mit langem Stammvokal

Aa, Ee, Ii, Oo, Uu, Ää, Öö und Üü lassen Wörter klingen.

Vokale (Selbstlaute):	Konsonanten (Mitlaute):
Aa, Ee, Ii, Oo, Uu, Ää, Öö, Üü	Bb, Cc, Dd, Ff, Gg, Hh, Jj, Kk, Ll, Mm, Nn, Pp, Qq, Rr, Ss, ß, Tt, Vv, Ww, Xx, Yy, Zz

Steht ein Konsonant (Mitlaut) am Ende der ersten Silbe,
dann wird der Stammvokal kurz gesprochen.
Beispiele: ler-nen, der Hef-ter

Steht ein Vokal (Selbstlaut) am Ende der ersten Silbe,
dann wird der Stammvokal lang gesprochen.
Beispiele: die Ho-se, le-sen

1 Bestimme die Länge der Stammvokale.

a Lies die Wörter.

die Dose / schalten / die Probe / malen / der Felsen / graben / leben / der Falter / wenden / die Farbe / die Rose / die Silbe

b Zerlege die Wörter in Silben.
– Schreibe die Wörter in dein Heft.
– Kennzeichne die Silben mit einem Trennstrich.

c Markiere den kurzen Stammvokal mit einem Punkt und den langen Stammvokal mit einem Strich.

die Do-se, schal-ten, ...

d Schreibe die Wörter von Aufgabe a in eine Tabelle in dein Heft.

langer Stammvokal	kurzer Stammvokal
die Dose	schalten
...	...

> **Lang gesprochene Vokale** (Selbstlaute) werden **unterschiedlich geschrieben**.
> Viele Wörter schreiben wir mit einem **einfachen Vokal**, manche Wörter
> schreiben wir mit **h** und einige schreiben wir mit einem **doppelten Vokal**.
> Beispiele:
> einfacher Vokal: l**e**gen, s**a**gen, die Sch**u**le, die Bl**u**me
> Wörter mit h: fe**h**len, wo**h**nen, die Ba**h**n, der Za**h**n
> Wörter mit doppeltem Vokal: der S**ee**, die W**aa**ge, l**ee**r

2 Sieh dir die Wortkarten an.

a Lies die Wörter.
Achte auf die Konsonanten nach dem Stammvokal.

b Markiere den einfachen Vokal (gelb), das h im Wort (rot) und
die doppelten Vokale (blau).

3 Lies die Wörter langsam und betont.

die Schuhe / klar / die Waage / die Zahl / das Tal / blühen / das Meer / schon
das Paar / die Blüte / das Moos / fahren

a Ordne die Wörter in eine Tabelle in dein Heft ein.

b Markiere den einfachen Vokal (gelb), das h im Wort (rot) und
die doppelten Vokale (blau).

einfacher Vokal	Vokal + h	Doppelvokal
…	…	…

4 Übe die Wörter mit **einfachem Vokal**, **h** und **doppeltem Vokal**.
Ergänze die Wörter in der richtigen Form.

Unsere Familie _____ ein _____ Tage an einen _____ .

Vater und ich _____ ein _____, um zu angeln.

Mutter und Elsa _____ einen Besuch im _____ .

fahren
paar
See
nehmen
Boot
planen
Zoo

Wörter mit kurzem Stammvokal

1 In den folgenden Wörtern werden die Stammvokale kurz gesprochen.

a Lies die Wörter.

b Markiere den Stammvokal.

rennen / die Weste / der Mantel / schwimmen / basteln / die Berge

> Endet die **erste Silbe des Wortes** auf einem **Konsonanten (Mitlaut)**,
> dann wird der **Stammvokal** in der Regel **kurz gesprochen**.

2 Achte auf den **kurzen Stammvokal**.

a Lies die Wörter laut und deutlich.

die Falte / wollen / warten / die Wolle / die Taste / der Winter / der Schimmel /

kommen / trinken / die Drossel / hasten / die Halle

b Markiere in diesen Wörtern die Konsonanten in der Wortmitte.

c Ordne die Wörter in die Tabelle ein.

zwei unterschiedliche Konsonanten	zwei gleiche Konsonanten
die Falte	_wollen_

3 Suche die Reimwörter.

a Schreibe die Reimwörter auf.

b Markiere die Konsonanten in der Wortmitte.

die Wanne – die T_____ – die K_____ – die P_____

die Delle – die K_____ – die W_____ – die St_____

> Folgen nach einem **kurzen betonten Vokal** (Selbstlaut) mehrere verschiedene
> **Konsonanten** (Mitlaute), so wird in der Regel **keiner verdoppelt**.
> Beispiele: die Lampe, die Wolke
> Hörst du nur **einen Konsonanten** (Mitlaut), dann wird dieser meist **verdoppelt**.
> Beispiele: die Kasse, die Panne

4 Zerlege die Wörter in Sprechsilben.

 **a** Lies die Wörter.

b Markiere die Sprechsilben.

der Kas|ten / die Mappe / wir falten / die Welle / sie schnitzen / der Winkel /

sie messen / die Kante / sie brummen / wir rollen / die Tonne / schneller /

die Pappe / wir tasten / der Schnupfen

> Einsilbige Wörter musst du **verlängern (Verlängerungsprobe)**.
> Dann kannst du hören, wie sie geschrieben werden.
> Beispiele: he__ – hel-ler → hell
> er hä_t – hal-ten → er hält

5 Wende die Verlängerungsprobe an.

a Verlängere die einsilbigen Wörter.

b Zerlege in Sprechsilben.

c Schreibe eine Wortgruppe mit dem Wort auf.

gla (t/tt)  *glatter   glat-ter   die glatte Fläche*

sa (t/tt) _____

schne (l/ll) _____

der Ma (n/nn) _____

_____

der Stoff (f/ff) _____

_____

der Ka (m/mm) _____

_____

Wörter mit s, ss, ß im Wortstamm

In Wörtern mit **langem Stammvokal oder Zwielaut** (ei, au, eu, äu) schreibt man **s**, wenn der **s-Laut stimmhaft (summend)** gesprochen wird.
Beispiele: lesen, der Besen

1 **Wörter mit s** lesen und schreiben.

a Lies die Wörter.

b Sprich den s-Laut deutlich stimmhaft (summend) aus.

der Riese / die Böse / die Rose / der Weise

c Schreibe die Wörter von Aufgabe b in eine Tabelle in dein Heft.

d Ergänze jeweils den Plural (Mehrzahl) und das Adjektiv.

e Markiere den s-Laut.

Singular (Einzahl)	Plural (Mehrzahl)	Adjektiv (Eigenschaftswort)
der Riese	die Riesen	riesig
...	...	...

In Wörtern mit **kurzem Stammvokal** (Selbstlaut) wird **ss** geschrieben.
Du kannst die Wörter auch in **Sprechsilben** zerlegen.
Dann hörst du, wie sie geschrieben werden.
Beispiele: der Schlüssel – der Schlüs-sel, wir essen – wir es-sen

2 **Wörter mit ss** lesen und schreiben.

a Lies die Sätze.

b Markiere die **Wörter mit ss**.

Viele Schlösser wurden an Flüssen erbaut.
Auch Burgen waren häufig von Wasser umgeben.

c Schreibe die markierten Wörter in dein Heft.
Schreibe daneben das Wort in Sprechsilben.

die Schlösser – die Schlös-ser, ...

3 Schreibt man **s** oder **ss**?
Ergänze die fehlenden Buchstaben.

die Ma____e / der Krei____ / der Schlu____ / die Schlü____el / die Rei____e /

la____en / lei____e / wi____en / fa____en / der Ra____en

Gleich und ähnlich klingende Vokale

> **ä** und **e** klingen in vielen Wörtern ähnlich.
> **äu** und **eu** klingen gleich.
> Um herauszufinden, ob ein Wort mit ä oder äu geschrieben wird,
> musst du ein **verwandtes Wort mit a oder au** suchen.
> Du kannst bei Nomen/Substantiven die Singularform (Einzahl) bilden.
> Beispiele: die Wände – die Wand, die Sträuße – der Strauß
> Oder du kannst andere verwandte Wörter suchen.
> Beispiele: der Bäcker – backen, die Stärke – stark

1 Wende die Verwandtschaftsprobe an.

a Schreibe die Nomen/Substantive mit dem Singular (Einzahl) in dein Heft.

b Markiere **ä** und **äu**.

Wörter mit ä: die Äpfel, die Hände, die Räder, die Länder

die Äpfel – der Apfel ...

Wörter mit äu: die Bäume, die Häuser, die Mäuse, die Läuse

die Bäume – der Baum ...

2 Welche Wörter gehören zusammen?

a Schreibe die Wörter nebeneinander in dein Heft.

b Schreibe jeweils ein weiteres verwandtes Wort dazu.

~~der Traum~~ / kräftig / die Stärke / die Kraftprobe / täglich / die Hochhäuser / ~~der Traumfänger~~ / stärker / das Haus / ~~träumen~~ / stark / der Tag / die Kraft / häuslich / die Tagesmutter

der Traum, träumen, der Traumfänger, die Träume

3 Erkenne die Wörter mit **eu** und **äu**.

a Lies den Text.

b Markiere die Wörter mit **eu** und **äu** im Text.

1 Die Leute bleiben verträumt stehen.

2 Sie hören das Läuten der Glocken.

3 Ein Junge beugt sich über eine Bank und wartet.

4 Sein Freund kommt aus einem großen Gebäude.

c Schreibe die Wörter mit **eu** und **äu** in dein Heft.

d Markiere **eu** und **äu**.

Worttrennung

> **Trennungsregel A: Mehrsilbige einfache Wörter** werden **nach Sprechsilben** getrennt.
> Beispiele: die Schu-le, der Gar-ten, wir hel-fen

1 Wende die **Trennungsregel A** an.

a Sprich die Wörter langsam. Sprich in Silben.

b Schreibe die Wörter in Silben in dein Heft.

wir sagen / der Koffer / die Farbe / die Frage / sie lernen / die Reise /
wir malen / sie wandern

wir sa-gen, ...

> **Trennungsregel B:** Die **Buchstabenverbindungen ch, ck, sch, ph, th** werden nicht getrennt.
> Beispiele: die Spach-tel, die Schne-cke, die Fla-sche, die Stro-phe, Goe-the

2 Wende die **Trennungsregel B** an.

a Sprich die Wörter langsam.

b Markiere die Buchstabenverbindungen **ch**, **ck** und **sch**.

c Schreibe die Wörter mit Trennstrich in dein Heft.

der Drache / der Rücken / der Wecker / die Wäsche / die Woche / die Schnecke

der Dra-che, ...

> **Trennungsregel C: Zusammengesetzte Wörter und Wörter mit Präfixen (Vorsilben)** trennt man **zwischen den einzelnen Wortbausteinen**.
> Beispiele: der Versuch – der Ver-such, besprechen – be-spre-chen,
> der Handball – der Hand-ball

3 Wende die **Trennungsregel C** an.

a Sprich die Wörter langsam.

b Schreibe die Wörter mit Trennstrichen in dein Heft.

der Fußballschuh / die Vorfahrt / die Nordsee / der Brotkorb / wegräumen /
das Kunstwerk / mithelfen

der Fuß-ball-schuh, ...

Groß- und Kleinschreibung

Nominalisierte/Substantivierte Verben

> Nomen/Substantive werden **großgeschrieben**.
> Sie haben meist einen Artikel: der, die, das.

1 Schreibe die Nomen/Substantive mit Artikel in die richtige Spalte.

Tag / Hemd / Himmel / Stunde / Jahr / Wolke

der	die	das
der Tag		

> Verben können zu Nomen/Substantiven werden. Sie werden dann
> **nominalisierte/substantivierte Verben** genannt und **großgeschrieben**.
> Beispiele: das Lachen, das schnelle Drehen

2 Markiere die substantivierten Verben.

1 Jana feiert ein Fest.

2 Sie lädt ihre Freunde zum Grillen ein.

3 Einige Freunde helfen beim Schmücken.

4 Andere bereiten das festliche Essen mit vor.

5 Am Abend lädt Musik zum Tanzen ein.

3 Verwende die Verben als Nomen/Substantive.

a Übertrage die Tabelle in dein Heft.

b Schreibe in die **linke Spalte** das **Nomen/Substantiv mit Artikel**.

c Schreibe in die **rechte Spalte** das **Nomen/Substantiv mit Artikel und Adjektiv**.

Verben: singen / lachen / basteln / fahren / trinken
Adjektive: schön / lecker / schnell / sauber / laut

Artikel + Nomen/Substantiv	Artikel + Adjektiv + Nomen/Substantiv
das Singen	*das laute Singen*

Nominalisierte/Substantivierte Adjektive

Adjektive können zu Nomen/Substantiven werden.
Sie werden dann **nominalisierte/substantivierte Adjektive** genannt
und **großgeschrieben**.
Beispiele: schön – das Schöne, neu – viel Neues

1 Verwende die Adjektive als Nomen/Substantive.

a Schreibe in die **linke Spalte** das **Nomen/Substantiv mit Artikel**.

b Schreibe in die **rechte Spalte** das **Nomen/Substantiv mit unbestimmtem Zahlwort**.

Adjektive: laut / fröhlich / niedlich / wichtig
unbestimmte Zahlwörter: viel / manche / etwas / alles

Artikel + Nomen/Substantiv	unbestimmtes Zahlwort + Nomen/Substantiv
das Laute	*alles Laute*

2 Werden die Wörter in den Klammern groß- oder kleingeschrieben?
Kreise den richtigen Buchstaben ein.

1 In der Oberlausitz stehen die (M/m)eisten Umgebindehäuser.

2 Sie sind etwas ganz (B/b)esonderes.

3 Mit viel (L/l)iebe wurden die Häuser wiederhergestellt.

3 Setze die Wortgruppen ein.

etwas Besonderes / viel Interessantes / allerlei Schönes

In Herrnhut gibt es _____ zu entdecken.

In der Werkstatt können die Besucher _____
kaufen.
Die Weihnachtssterne sind _____

Große und kleine Sterne leuchten in der Weihnachtszeit.

Fremdwörter

Fremdwörter enthalten häufig typische Wortbauteile wie die **Suffixe** (Nachsilben) -ieren, -ie, -ik, -iv, -(t)ion, und -ität.
Beispiele: gratul**ieren**, die Mag**ie**, die Fabr**ik**, das Substant**iv**, die Na**tion**, die Aktiv**ität**

1 Suche die Fremdwörter.

a Lies den Text.

b Markiere in den Fremdwörtern die Suffixe (Nachsilben).

1 In einer Fabrik werden verschiedene Bauteile für Motoren

hergestellt.

2 Für viele Maschinen benötigen die Arbeiter eine besondere

Qualifikation (Ausbildung).

3 Der Meister organisiert und kontrolliert die Produktion.

4 Bei Reparaturarbeiten werden die Arbeitsschritte protokolliert (aufgeschrieben).

c Schreibe die **Nomen mit Artikel** in dein Heft.
Schreibe die **Pluralform (Mehrzahl)** dazu.   *die Fabrik – die Fabriken*

d Schreibe die **Verben mit Pronomen** auf.
Schreibe den **Infinitiv (Grundform)** dazu.   *er organisiert – organisieren*

> **Tipp**
> Im Text stehen sechs Fremdwörter (drei Nomen/ Substantive und drei Verben).

2 Bilde zu Nomen/Substantiven die **Verben mit dem Suffix** (Nachsilbe) **-ieren**.

a Schreibe die Nomen/Substantive und daneben die Verben in dein Heft.

1 die Produktion   **2** die Konzentration   **3** das Foto   **4** der Buchstabe

b Markiere den Suffix (die Nachsilbe).

c Verwende die Verben in Sätzen. Schreibe die Sätze in dein Heft.

die Produktion – produzieren: Die Firmen produzieren Nahrungsmittel.

3 Verwende Fremdwörter.

a Verbinde die Nomen/Substantive mit jeweils einem passenden Verb.

b Verwende die Wortgruppen in kurzen Sätzen. Schreibe in dein Heft.

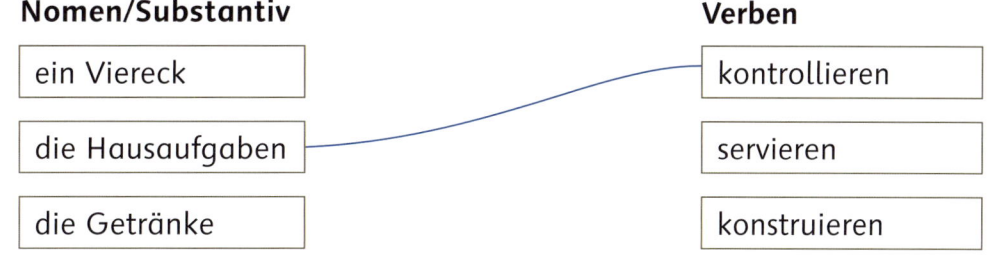

Nomen/Substantiv	Verben
ein Viereck	kontrollieren
die Hausaufgaben	servieren
die Getränke	konstruieren

1 Erkenne Wörter mit **kurzem** oder **langem Stammvokal**.

a Lies die Wörter.

b Markiere die Sprechsilben.

c Ordne zu. Schreibe die Wörter in die Tabelle.

der Kof|fer / die Lage / retten / die Note / heben / die Torte /

werfen / der Kegel

kurzer Stammvokal	langer Stammvokal
_____	_____
_____	_____
_____	_____
_____	_____

2 Wende die Verlängerungsprobe an.

a Schreibe die Wörter in dein Heft. Verlängere sie.

b Markiere den **lang gesprochenen Vokal** (Selbstlaut) mit einem Strich.

der Stab / das Los / das Lob / das Tal / die Spur / klar

3 Ergänze **s** oder **ss**.

a Verlängere die Wörter.

b Zerlege das Wort in Sprechsilben. Trage nun **s** oder **ss** ein.

das Fa____   die _____   die _____

das Lo____   die _____   die _____

das Gla____   die _____   die _____

die Nu____   die _____   die _____

4 Ergänze **s** oder **ss**.

die Ka____e / der Kä____e / die Flü____e / der Prei____ / be____er / le____en /

pre____en / die Mau____ / das Schlo____ / brem____en / die Schlü____el /

e____en / die Pau____e / bewei____en / la____en

5 Wende die Verwandtschaftsprobe an: **ä oder e**, **äu oder eu**?

a Lies die Wörter.

b Schreibe den **Plural** (Mehrzahl) dazu.

der Traum – *die Träume*   der Nagel – _____

der Kamm – _____   der Baum – _____

c Schreibe zu den Verben die **3. Person Singular** (Einzahl).

schlafen – *er schläft*   fahren – _____

tragen – _____   laden – _____

6 Verwende nominalisierte Verben und Adjektive.

a Bilde aus den Wörtern **Nomen/Substantive**.

b Schreibe **Wortgruppen mit dem Nomen/Substantiv** auf.

feiern – *die* _____

eine _____

grillen – _____

_____

klein – *das* _____

etwas _____

7 Fremdwörter mit den Suffixen (Nachsilben) **-ik** und **-iv** richtig einsetzen.

a Setze ein: aktiv, der Detektiv, die Klinik, die Kritik.

b Markiere die Suffixe (Nachsilben).

Die Frau bringt ihrem Mann einen großen Blumenstrauß in _____.

Schwierige Kriminalfälle löst _____.

_____ anzunehmen, können wir lernen.

Wer sich bewegt, ist _____.

8 Bilde aus den Nomen/Substantiven **Verben mit Suffix** (der Nachsilbe) **-ieren**.

die Kontrolle – _____   die Probe – _____

die Konzentration – _____   die Kritik – _____

Infinitiv (Grundform)	Präsens (Gegenwart)	Präteritum (Vergangenheit)	Perfekt (zweite Vergangenheit)
bitten	du bittest	sie bat	sie hat gebeten
bleiben	du bleibst	er blieb	er ist geblieben
bringen	du bringst	sie brachte	sie hat gebracht
dürfen	du darfst	er durfte	er hat gedurft
essen	du isst	sie aß	sie hat gegessen
fahren	du fährst	er fuhr	er ist gefahren
fallen	du fällst	sie fiel	sie ist gefallen
fliehen	du fliehst	er floh	er ist geflohen
fließen	es fließt	es floss	es ist geflossen
gehen	du gehst	sie ging	sie ist gegangen
halten	du hältst	er hielt	er hat gehalten
heißen	du heißt	sie hieß	sie hat geheißen
helfen	du hilfst	er half	er hat geholfen
kommen	du kommst	sie kam	sie ist gekommen
laufen	du läufst	er lief	er ist gelaufen
lesen	du liest	sie las	sie hat gelesen
mögen	du magst	er mochte	er hat gemocht
nehmen	du nimmst	sie nahm	sie hat genommen
rufen	du rufst	er rief	er hat gerufen
schlafen	du schläfst	sie schlief	sie hat geschlafen
sehen	du siehst	er sah	er hat gesehen
sein	du bist	sie war	sie ist gewesen
singen	du singst	er sang	er hat gesungen
sitzen	du sitzt	sie saß	sie hat gesessen
sprechen	du sprichst	er sprach	er hat gesprochen
stehen	du stehst	sie stand	sie hat gestanden
treffen	du triffst	er traf	er hat getroffen
tun	du tust	sie tat	sie hat getan
werden	du wirst	er wurde	er ist geworden
wissen	du weißt	sie wusste	sie hat gewusst